O texto publicitário na sala de aula

COLEÇÃO **LINGUAGEM & ENSINO**

Análise e produção de textos Leonor W. Santos, Rosa C. Riche e Claudia S. Teixeira
A força das palavras Ana Lúcia Tinoco Cabral
A frase na boca do povo Hudinilson Urbano
A leitura dos quadrinhos Paulo Ramos
Leitura do texto literário Ernani Terra
Leitura e persuasão Luiz Antonio Ferreira
Os sentidos do texto Mônica Magalhães Cavalcante
Preconceito e intolerância na linguagem Marli Quadros Leite
Texto, discurso e ensino Elisa Guimarães
Verbo e práticas discursivas Maria Valíria Vargas

O texto publicitário na sala de aula

Nelly Carvalho

Colaboradora
Gabriela Medeiros

COLEÇÃO LINGUAGEM & ENSINO
Coordenação de Vanda Maria Elias

editoracontexto

Foto de capa
Jaime Pinsky

Montagem de capa
Gustavo S. Vilas Boas

Diagramação
Thais Terra

Preparação de textos
Lilian Aquino

Revisão
Karina Oliveira

Dados Internacionais de Catalogação na Publicação (CIP)
(Câmara Brasileira do Livro, SP, Brasil)

Carvalho, Nelly
O texto publicitário na sala de aula / Nelly Carvalho. –
São Paulo : Contexto, 2014.

Bibliografia.
ISBN 978-85-7244-865-9

1. Anúncios 2. Anúncios – Redação
3. Comunicação escrita e impressa 4. Persuasão (Retórica)
5. Propaganda – Linguagem 6. Publicidade I. Título.

14-06214 CDD-808.066659

Índices para catálogo sistemático:
1. Redação publicitária : Retórica 808.066659
2. Texto publicitário : Redação : Retórica 808.066659

2014

EDITORA CONTEXTO
Diretor editorial: *Jaime Pinsky*

Rua Dr. José Elias, 520 – Alto da Lapa
05083-030 – São Paulo – SP
PABX: (11) 3832 5838
contexto@editoracontexto.com.br
www.editoracontexto.com.br

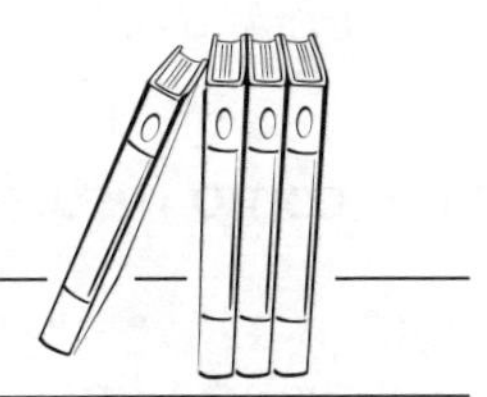

Sumário

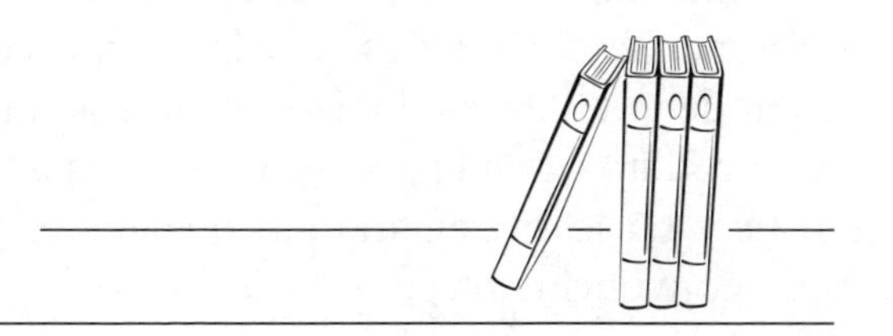

Apresentação

A criação publicitária é pluridimensional e pode ser apreciada e descrita sob a perspectiva dos estudos da linguagem. Uma leitura da publicidade que aborde a linguagem utilizada junto com as imagens é relevante para a formação e desempenho do profissional de diversas áreas da comunicação e do ensino de línguas.

É um tipo de comunicação na qual as mensagens são formadas através de imagens, textos e composições, usando-se conotações culturais, icônicas e linguísticas.

O discurso publicitário nasce da junção de vários fatores psicossociais e econômicos. É o testemunho da sociedade de consumo do século XXI e conduz a uma representação da cultura a que pertence. É nesse contexto que valores como mitos, ideias e comportamentos são impostos na organização da mensagem.

A mensagem publicitária faz uso de um conjunto de efeitos retóricos aos quais não faltam figuras de linguagem e estratégias persuasivas, ressaltando-se o uso dos itens lexicais. Essa mensagem pode apresentar também jogos de palavras que convidam o leitor a participar de um universo lúdico. Sua função primordial é tentar vender o produto e divulgar os serviços. Para isso, informa suas características básicas, exaltando as qualidades através de mecanismos de convencimento e sedução.

Dessa forma, *a construção do sentido na comunicação publicitária* se estabelece por uma conjunção de fatores diversos, em que interagem o linguístico e o icônico, as condições de produção (quadro sociocultural e interesses dos anunciantes) e as instâncias do público-alvo (o consumidor particularizado e o consumidor universal).

Como um tipo de produção onipresente na sociedade atual com a função de influenciar o comportamento dos leitores/consumidores, os textos publicitários devem ser levados para a sala de aula e trabalhados em atividades de leitura e compreensão. Esse é o motivo pelo qual o presente livro foi escrito: utilizar o texto publicitário na escola para se pensar, em atividades de leitura, o tipo de produção e efeitos de sentido provocados por elementos verbais e não verbais que entram na composição da publicidade e, desse modo, contribuir para a formação crítica de leitores. É por essa razão que o livro se destina, principalmente, a professores do ensino fundamental 2 e do ensino médio.

Para alcançar o objetivo proposto, dividimos a obra em seis capítulos: no primeiro, apresentamos considerações sobre a publicidade na sociedade de consumo, destacando o papel que desempenha entre Produtor x Produto x Público consumidor, bem como os elementos culturais e linguísticos para o funcionamento eficaz da comunicação.

Do segundo ao sexto capítulos, exploramos aspectos linguísticos e culturais na mensagem publicitária e tratamos de como se organiza e se desenvolve o texto publicitário, utilizando como exemplificação anúncios veiculados na imprensa e nas redes sociais, e textos de campanhas políticas. Todos os capítulos trazem sugestões de atividades para se trabalhar em sala de aula a leitura e a compreensão do texto publicitário, considerando elementos linguísticos e não linguísticos.

Esperamos que este livro seja útil na missão a que se propõe: ajudar os alunos a se tornarem leitores e consumidores mais conscientes ao refletirem sobre os recursos linguísticos e não linguísticos usados com criatividade nas mensagens publicitárias.

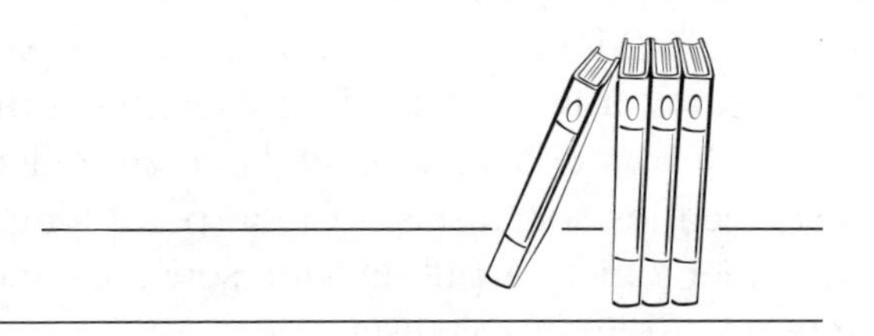

O que é publicidade?

Podemos observar as mudanças sociais pela mudança da escala de valores verificada ao longo do tempo. Muito antigamente, quem escrevia bem, corretamente e de forma criativa, orientava suas tendências para a literatura. Com o passar do tempo e a imposição da comunicação escrita, quem escrevia bem podia se dedicar também ao jornalismo. No século XX, surgiu a atividade publicitária, que necessitou de talentos literários para suas mensagens. Mas a linguagem publicitária foi se modificando e buscando sua essência em outros campos, já que ela tem interesses e raízes fincados em atividades práticas como comprar, vender, convencer.

A publicidade é uma atividade, e não uma ciência investigativa, e, como tal, se apoia em outros saberes e atividades preexistentes.

Assim, a propaganda ou publicidade é considerada interdisciplinar, pois interessa de perto, na parte teórica – na construção e leitura da mensagem –, à Linguística, à estética, à retórica, à Psicologia social, à Educação e à Filosofia, e na parte prática interessa, sobretudo, à Economia, ao comércio e à indústria.

A publicidade comercial faz parte da nossa sociedade capitalista; nas sociedades socialistas – Cuba, por exemplo – reina a propaganda ideológica. A publicidade seria, segundo alguns, o lubrificante do sistema capitalista.

Neste ponto temos que explicar as divisões e nomeações. **Propaganda** é um termo abrangente, vem de *propagar* e inclui a propaganda política, a institucional, a ideológica e a comercial, sendo que esta última é considerada e nomeada como **publicidade** (institucional, de produtos ou de serviço). A propaganda político-eleitoral é chamada por alguns de publicidade, pois os marqueteiros andam transformando os candidatos em produtos, com propagandas enganosas.

Abordando o aspecto mais distante de nossos interesses, e mais perto do nosso bolso, o primeiro a ser contemplado (por alto) será o econômico.

Os economistas Hunt e Sherman (1977) afirmam, em *Uma introdução à moderna teoria da microeconomia*, que a influência da propaganda é insuperável em todos os aspectos da existência social, sendo a mola mestra do capitalismo. Ela realoca os gastos dos consumidores entre diversos produtos. Não pode ser descartada como excrescência do sistema econômico, nem podemos pensar que, para a banirmos, bastaria pô-la de lado. Ela é positiva e necessária para o sistema, pois encoraja a realização de investimentos em instalações e equipamentos que em outras circunstâncias não se materializaria – além da promoção de uma guerra sem quartel em benefício de produtores e vendedores (contra a poupança, a favor do consumo), e pode também transmitir informações úteis. A grande maioria do público conscientemente a considera digna de confiança, embora, inconscientemente, sejam afetados pela constante massificação que impõe.

Nos EUA, o impacto da propaganda e os gastos correlatos são ultrapassados apenas por gastos militares, que são, por sua vez, os maiores gastos desse país, meca do capitalismo e do militarismo.

Mas o que será realmente a publicidade? Serão abordados os aspectos que nos interessam mais de perto, além de fornecer elementos para análise e construção da mensagem publicitária.

Louis Quesnel (1974), em "A publicidade e sua filosofia", problematiza essa questão, bem própria dos filósofos. Diz ele que a resposta, em termos cristãos, é um mal e, em termos marxistas, uma alienação.

Podemos responder, contudo, com teorias diversas:

- Para os comunicadores, seria um sistema de comunicação que coloca em relação produtores e consumidores, através dos distribuidores e do *mass media.*
- Para os literatos, uma atividade intelectual que agrupa criadores literários e artísticos para a produção da mensagem.
- Para os linguistas, um universo de signos e uma técnica de significação que depende de uma semiologia e de uma retórica.
- Para os marqueteiros, uma arma do marketing, a serviço da guerra econômica para a conquista do mercado.
- Para os cientistas políticos, uma forma capitalista de propaganda e de exploração dos consumidores, visando obter o lucro máximo.
- Para os sociólogos, uma instituição da sociedade burocrática de consumo dirigida. A publicidade fala a linguagem ideológica da mercadoria e da alienação pela cotidianidade.

É curioso observar que as definições não correspondem à ideia que os usuários e anunciantes têm a respeito do tema.

ATIVIDADE

Os dois textos apresentados a seguir trazem o posicionamento de respeitados profissionais da publicidade sobre a essência da sua atividade.

Leia os textos e responda:

1. O que Francesco Petit (texto 1) defende em seu posicionamento?
2. O que David Olgivy (texto 2) defende em seu posicionamento?
3. O que há de comum no posicionamento dos autores?
4. O que há de diferente?
5. Qual a sua avaliação sobre o posicionamento deles?

Texto 1

É proibido fazer propaganda

Cada vez mais os publicitários do mundo inteiro são tratados como bandidos: somos os próprios vilões da história. Proíbem a propaganda de cigarros, bebidas alcoólicas, uso de crianças na propaganda, uso de sexo, nus masculinos ou femininos, proíbem a violência nos comerciais e os palavrões, enfim, na propaganda se acham no direito de proibir absolutamente tudo. Gostaria de saber qual a diferença que existe, em termos de comunicação, entre a propaganda e a indústria mundial no cinema, que já não chamam mais de arte cinematográfica e sim de "entretenimento". Por que então este setor do mundo da comunicação tem o privilégio de ter todos os direitos sem cortes, sem censura? [...] Eles podem mostrar todas as atrocidades sangrentas, mortes violentas, heróis delinquentes, ídolos assassinos, gente famosa sem nenhum escrúpulo, corruptos vencedores, ladrões bem-sucedidos.

[...]

E nós, pobres publicitários, se continuarmos assim vamos acabar trabalhando num convento de freiras, fazendo figurinhas para serem vendidas nos dias santos e pagando os pecados que cometemos na nossa vida profissional. Acho que é uma bela causa para as entidades de classe se unirem para acabar com esta bobagem de proibir tudo o que a propaganda cria com muita arte.

(Fonte: PETIT, Francesco. *Folha de S.Paulo.* Caderno de Negócios, São Paulo, 14 abr. 1997.)

Texto 2

Mitos e verdades sobre publicidade

Há quem diga que a publicidade afeta os hábitos sociais, mas eu não concordo com isso. Em vez de influenciar os costumes, ela apenas os reflete. A publicidade não é mais que um meio eficiente de vender produtos. Ela tem, sem dúvida, algum poder de fazer as pessoas comprarem o produto. Há casos em que uma boa campanha publicitária aumentou em dezenove vezes a venda de uma empresa. Mas é um mito achar que todo anúncio vende qualquer coisa.

A informação transmitida pela publicidade deve ser honesta e verdadeira e precisa representar para o indivíduo um apoio às decisões que mais lhe convenham na livre escolha dos bens e serviços de que necessita.

A criatividade é um mito, não cai do céu. O que existe é o trabalho com o texto e com a ideia.

(Fonte: OLGIVY, David. *Confissões de um homem de propaganda.* Rio de Janeiro: Laudes, 1970, p. 42.)

Olhando mais de perto: várias abordagens da publicidade/propaganda

Vejamos um pouco mais como a publicidade pode se apresentar. Ela passou a fazer parte das regras de comportamento sendo um controle social de tipo novo, que se dirige ao grande público. Seu sistema de valores é fundamentalmente etnocêntrico, isto é, centrado no tipo de público a que se dirige: traduz aspirações, insatisfações, preferências e preconceitos de uma nova classe média, em busca de critérios, normas e padrões culturais. Por razões ideológicas e técnicas, funciona como se a sociedade de massa fosse uma sociedade sem classes. Por exemplo, nos *outdoors* à beira de estradas, há anúncios de carros luxuosos, direcionados para passageiros e motoristas dos veículos, como se fossem dirigidos a todos, sem exceção. Entretanto, nem todos têm poder aquisitivo para tal, mas são envolvidos por um *você* genérico.

As agências de publicidade são verdadeiros laboratórios de comportamento humano, criando datas (dia das mães, dos pais, dos avós, dos namorados, do amigo) e situações, despertando sentimentos e valores, descobrindo nossas frustrações e inseguranças, criando falsas necessidades para, em seguida, apresentar-nos as respostas. É difícil escapar de suas ciladas.

Um tipo de homem e mulher ideal ou idealizado e um padrão de vida acima das possibilidades da maioria é apresentado.

Leon Eliachar (1967), em *O segredo da propaganda é a propaganda do segredo*, disse que os comerciais são a parte mais agradável da TV. Enquanto os demais programas (humor, novela, noticiário) mostram o lado feio da vida, os comerciais apresentam um mundo de otimismo, com pessoas belas, saudáveis, objetos baratos, inquebráveis e fáceis de pagar.

Olivier Reboul (1975), autor francês, considera que a propaganda faz da fala uma arma, com a função de convencer – produzir algo diferente do que diz: *Você é linda /Você merece o melhor* – para que você acredite que merece comprar o produto anunciado, mesmo que não precise e que esteja fora do seu orçamento. O autor chega a dizer que a propaganda é um desperdício pago pelo consumidor sem que ele saiba, informando-o de maneira parcial. Esse procedimento infantiliza as pessoas, dando a impressão de que estão isentas de sua influência. Chega a ser cruel a maneira como se refere à atividade publicitária.

Ele continua dizendo que, agravando a miséria, atiça cobiças inúteis, aumenta o endividamento popular impelindo à compra do supérfluo em detrimento do essencial e integrando cada vez mais indivíduos à sociedade de consumo. Mas é necessária como parte da própria essência de democracia e da sociedade capitalista, e como tal deve ser analisada para que seja realmente honesta. Além do mais, desenvolve a criatividade e, de certa maneira, aprimora a qualidade do serviço prestado pelas diversas empresas que dela se utilizam (estatais ou particulares), pelo compromisso assumido com o público.

Apesar disso, foi um dos mentores do nazismo, Joseph Goebbels, quem mais enalteceu a propaganda, como se pode ver em um dos seus muitos panfletos sobre a propaganda política, no texto transcrito por Reboul (1975: 95):

> A essência da propaganda é ganhar as pessoas para uma ideia de forma tão sincera, com tal vitalidade, que, no final, elas sucumbam a essa ideia completamente, de modo a nunca mais escaparem dela. A propaganda quer impregnar as pessoas com suas ideias. É claro que a propaganda tem um propósito. Contudo, este deve ser tão inteligente e virtuosamente escondido que aqueles que venham a ser influenciados por tal propósito nem o percebam.

Pela leitura do texto, observa-se como pode ser perigosa a publicidade/propaganda quando mal usada. Libertar o homem dos exageros dela não significa ignorá-la em nome de uma neutralidade, mas conhecê-la o suficiente para dominá-la.

A partir de fins do século passado, o consumo se transformou em "valor que rege os modos do ser", adquirindo uma significação essencial para a sociedade contemporânea.

A mudança e a moda estão intimamente relacionadas e levam a uma permanente renovação dos objetos que trazem em si, como característica inerente a seu próprio ***design***, os traços de sua duração. Aquele objeto, feito para durar a vida inteira, desaparece em favor de uma permanente mudança; os estímulos de troca fundam-se na proposta de substituição por modelos tecnologicamente mais avançados, mais modernos, bonitos e eficientes. O conforto e a comodidade do usuário, bem como o *status* associado à posse do último modelo, são a forma mais frequente sob a qual essas características disfarçadamente se corporificam nos apelos publicitários.

Toda a representação montada em torno do produto se estrutura a partir de uma lógica própria que tem na sedução sua mola mestra. O anúncio, ao promover o produto, objetiva seduzir o consumidor e levá-lo, consequentemente, a aderir à mensagem proposta. Para tanto, apresenta uma visão parcial e deformada, em que jogos de luz e sombra, ângulos de focalização e superposição de planos manipulam fragmentos de realidade e privilegiam objetos antes que pessoas – estas são coadjuvantes, componentes secundários, embora importantes enquanto testemunhas do efeito de determinado produto. O anúncio se recorta de uma sequência metonímica maior num processo que gera ambiguidade e estimula a fantasia do receptor, que se vê incitado a preencher o antes e o depois da cena apresentada, a compor a vida das personagens retratadas. Esse procedimento é eficaz também na medida em que permite a ênfase em determinados momentos, omitindo outros que poderiam comprometer a positividade que deve emanar do anúncio.

Na medida em que recorta a faixa de realidade que necessita ou deseja abordar, a publicidade dilui a percepção do todo e mantém com o momento histórico relações parciais e incongruentes. O jogo operado entre a realidade e a necessidade de colocação dos produtos no mercado resulta na criação, segundo Quesnel (1974: 86), de um "mundo ideal, purificado de toda tragédia, sem bomba nuclear, sem explosão demográfica e sem guerra. Um mundo inocente e cheio de sorrisos, de luzes, otimista e paradisíaco".

ATIVIDADE

1. As várias definições de publicidade diferem um pouco uma da outra. Quais definições o senso comum escolheria como a mais clara e evidente?
2. A publicidade introduz modificações no comportamento individual e coletivo. Pensemos, agora, quais as modificações observadas com maior frequência?
3. De acordo com as posições expressas em "Olhando mais de perto: várias abordagens da propaganda/publicidade", qual a diferença entre ambas?

Como e por que estudar a mensagem publicitária

O anúncio não se limita simplesmente a informar o consumidor sobre o produto. À função informativa agregam-se traços persuasivos visando compelir à compra, à aquisição do que não se necessita, relegando a segundo plano o produto antigo, trocando-o sob a mística do novo.

A propaganda exerce sobre os indivíduos a ela expostos efeitos que vão desde a simples aquisição do produto anunciado à adesão e assimilação da ideologia social que o produz. À ação comercial se acrescenta uma ação ideológica e cultural.

Na função estética, o jogo das cores e formas, palavras e imagens exorbita o plano puramente informativo, criando em torno do anúncio mecanismos de sugestão e evocação, um campo estético cujo resultado principal é a criação de uma aura de beleza, que responde por boa parte do envolvimento emocional realizado pelo anúncio. Nele, conteúdos de artisticidade estão a serviço da promoção de toda uma estrutura social, consequentemente, voltados à manutenção de uma relação de dominação.

Em última instância, a função do anúncio é a de reprodução do sistema social vigente, e os componentes estéticos funcionam como elementos de encantamento e sedução que envolvem o receptor de forma semelhante à mãe, a qual, enquanto conta histórias atraentes e cheias de peripécias, faz com que a criança engula passiva e imperceptivelmente a comida apresentada e de que nem sempre necessita.

O caráter maciço da mídia implica o fato de que, mesmo quando dirigida a um segmento do mercado, a publicidade acaba por atingir tanto aos diretamente visados quanto àqueles que não têm meios para adquirir o produto; por isso, ela vende de tudo a todos, suscitando vontade e frustração entre os pobres, os subdesenvolvidos, os economicamente fracos.

A despeito de toda personalização – fazer o que todos fazem é uma forma paradoxal de se distinguir –, subjaz à mensagem publicitária um arcabouço coletivo, a presença de um sentimento de solidariedade e segurança originário do fato de se pertencer a um grupo, falar uma mesma linguagem, participar de sentimentos e necessidades comuns, possuir certos objetos, adotar determinados comportamentos. Como vimos, a publicidade se vale dessas demandas e carências, canalizando-as para o produto.

Público-alvo: construção ideológica do receptor

Com uma visão crítica do tema, Fairclough (1990) julga haver correspondência entre análise do discurso e análise da sociedade, pois há características da sociedade capitalista moderna que se refletem na ordem dos vários discursos que por ela transitam. Essas sociedades são marcadas por um alto grau de integração das instituições sociais para manter a dominação das elites, tendo este fato sua correspondência no discurso.

Quando o discurso legitima essa dominação existente nas relações sociais, ele está legitimando também a **colonização** de uma classe por outra.

O discurso publicitário seria um exemplo, posto que informa a população sobre os bens de consumo da sociedade capitalista, servindo de elo entre ambos, com uma função incentivadora.

Confirmando as massas no papel de consumidor, torna esse mesmo papel legítimo e desejável.

Por ser uma das formas de discurso de controle social, ele realiza essa função ao simular igualitarismo, removendo da estrutura de superfície os marcadores de desigualdades, amenizando os marcadores de autoridade e poder, substituídos pelos elementos provocadores da sedução.

O funcionamento ideológico opera em três direções:

- na construção das relações entre produtor, anunciante e público;
- na construção da imagem do produto;
- na construção do consumidor como membro de uma comunidade.

Para Fairclough (1990), esta última é a maior tarefa da publicidade: como a imagem do produto contribui para posicionar o receptor como consumidor?

A resposta é definida em termos de aceitar como natural o esquema para entender e interpretar a mensagem publicitária. O receptor ideal (imaginado) pertence a uma comunidade cujos valores, necessidades e gostos estão contidos neste esquema: uma comunidade de consumidores.

A publicidade constrói o tipo ideal do consumidor pela mudança operada no cotidiano e na visão do mundo, pelos modelos persistentes e coerentes de necessidades e comportamentos consumistas divulgados e baseados no senso comum.

Isso reforça a tese de ser a publicidade considerada, como já foi dito, um elemento **colonizador**.

O crescimento do volume de anúncios nas últimas décadas facilitou a penetração da mensagem, inclusive modificando aspectos não econômicos. A família, como instituição, e a vida familiar cotidiana foram "colonizadas" pelo fator econômico e pela ideologia das classes dominantes. Essa "colonização" modificou-lhe a estrutura e a escala de valores.

Com base nesses pressupostos, a mensagem publicitária constrói a imagem do receptor, impondo à realidade o estereótipo criado e fazendo acreditar que corresponde à verdade. Para construir linguisticamente esse discurso, haverá escolhas especiais nos itens lexicais e nas estruturas sintáticas. O léxico veiculador contará com denotações dentro do campo de significado que reforcem a construção dos estereótipos pretendidos e com conotações que possam ser inferidas com facilidade dentro do mesmo campo de significação.

Convite ao consumo: diferentes alvos

As mensagens publicitárias e suas representações verbais e icônicas funcionam como um mecanismo ideológico para a reprodução da identidade de gênero padrão, ou seja, a elaboração das mensagens dirige-se a homens, mulheres e crianças. A mulher é o maior público-alvo, pois é, por excelência, a compradora quase oficial da família.

A imagem publicitária da mulher vem sendo construída socialmente de várias maneiras, o que é captado pelos que pensam e elaboram as mensagens a ela dirigidas. A figura feminina vai sendo construída culturalmente, sob a ótica dos marqueteiros, e vai mudando o comportamento e impondo-lhe um modelo determinado pela sociedade de consumo.

A mulher atual preocupa-se, sobretudo, com a aparência, a juventude e a silhueta. Por isso aproveitamos a citação de duas escritoras que falam da figura feminina para iniciar a delineação da mulher como consumidora.

Diz Anne Sexton (1971: 27), autora americana, reportando-se a uma história de fadas ligando-a à vaidade feminina:

> Enquanto isso, Branca de Neve presidia a corte, abrindo e fechando os olhos azul porcelana, qual boneca e às vezes dirigindo-se ao espelho, como fazem as mulheres.

E Sylvia Plath (1989), uma trágica escritora inglesa, imagina um espelho falante como o da madrasta de Branca de Neve:

> Sou prateado e exato. Não tenho preconceitos.
> Tudo o que vejo engulo imediatamente
> Do jeito que for, desembaçado de amor ou aversão.
> Não sou cruel, apenas verdadeiro –
> [...]
> Agora sou um lago. Uma mulher se dobra sobre mim,
> Buscando na minha superfície o que ela realmente é. [...]
> Em mim ela afogou uma menina, e em mim uma velha
> Se ergue em direção a ela dia após dia, como um peixe terrível.

O jogo entre a mulher e a publicidade pode ser comparado com um jogo de espelhos diferentes como abordam os textos anteriores. Enquanto a mulher busca a ilusão do primeiro texto, ser uma boneca de porcelana, ao mesmo tempo teme a verdade do segundo, a transformação inexorável que traz o tempo. A mensagem publicitária busca atingir seu público-alvo, construindo uma imagem de mulher diferente da real, em que se projetem frustrações, devolvidas em forma de ilusões. São pressupostos básicos da publicidade preencher as carências de identidade de cada um, dentro da necessidade que surge de aderir a valores e estilos de vida que lhe permitam compreender o mundo e seu lugar nele.

Esse é um processo de significação, em que um significante, o produto, é tomado como significado, ou seja, estilo de vida e valores. O objetivo final é ligar um produto específico a uma desejada identidade; se a carência de identidade e a carência do produto tornam-se uma só, fundem-se e unificam-se, a publicidade alcançou seu objetivo. Há uma filtragem nessas mensagens, de acordo com o gênero, a idade e a classe social. O receptor só filtra aquilo que lhe interessa e que considera a ele ser dirigido. Na representação verbal e icônica, a publicidade torna-se um mecanismo ideológico para a reprodução da identidade dos gêneros.

Que mulher é essa, que estereótipo é esse que se impõe ao público feminino e o que veste as mulheres com uma camisa de força? A publicidade constrói o tipo de consumidor pela mudança operada no cotidiano e na visão de mundo, como afirma Fairclough (1990), pelos modelos persistentes e coerentes de necessidades e comportamentos consumistas divulgados e baseados no senso comum.

Através de um corte operado na realidade, essa figura feminina vai exercer, em qualquer situação, o papel de protetora /provedora, não em forma do ônus financeiro, mas em forma de responsabilidade com os *seus,* criando um sentimento de culpa nas mulheres que não adotam tal comportamento. Além disso, fabrica a obrigação de permanecer jovem e bela, algo impossível, mas que ganha contornos de plausível. Vale acrescentar que esse ideal publicitário traz implícito que para a consumidora, suas ações devem ser realizadas para agradar o *outro*, o homem. Não são aspirações que nasçam de sua própria vontade, parecendo que a mulher não vive para si.

Mas será que as mulheres aceitam esse ideal publicitário, camuflado e chantageador? As respostas variam, de acordo com Janine Brémond (1977: 23) e Raoul Smith (1988: 95):

1. Muitas não aceitam.
2. Muitas não consideram este ideal uma forma de sujeição a uma sociedade patriarcal: não têm visão crítica para tanto.

3. A liberação e a conscientização feminina na sociedade atual ainda não são tão disseminadas quanto parecem ser.

Na verdade, a mulher independente não aparece nos anúncios, pois não vende. Enquanto a maioria fizer de si mesma a ideia de *dona de casa* e depender das opiniões do homem no seu ideal de vida, a publicidade continuará insistindo na mesma tecla: exaltar a função de protetora/provedora e cobrar a exigência de juventude e beleza. Afinal, se está dando certo não tem por que mudar o tom da mensagem. As mulheres que cuidem de evoluir de mentalidade. Só assim a publicidade mudará: é uma imagem refletida no espelho.

Agora, vamos ver o seu par, o homem, como é tratado e induzido à compra.

O consumidor masculino também é adulado e tem, na mídia, uma imagem extremamente positiva e dominadora. No livro *Olhar feminino: a publicidade que as mulheres querem ver* (2012), do publicitário Ricardo Lordes, está transcrita uma peça criada por ele para vender artigos para o lar – no caso, um fogão –, dirigida ao público feminino, que, como quase todas as peças publicitárias voltadas a esse público, envolve o marido ou um homem:

> Algumas coisas podem até ser descartáveis. Agora, marido e fogão é outra história, né?

Os anúncios para o público masculino caracterizam-se por mostrar os homens como decididos, fortes, uma imagem de superioridade e fortaleza. Os artigos anunciados são automóveis, roupas, bebidas fortes. Jamais artigos domésticos. Essa imagem de masculinidade exacerbada é reforçada por anúncios como o do perfume *English Lavender*, que diz ser aquela "a maneira mais civilizada de rugir".

A propaganda convida os homens a adotar um papel teatralmente dirigido, que a cultura e a sociedade lhes atribuem.

Esse tipo de homem retratado compete por sucesso nas áreas de atividade tradicionalmente masculinas – negócios e política –, com o objetivo de exibir *status*, dinheiro e poder.

Quanto aos diversos estratos sociais, eles recebem impacto das mesmas mensagens da mídia publicitária. O que direciona a mensagem é o próprio produto, devido ao seu preço e sua qualidade e, sobretudo, pelo tipo de suporte em que está divulgado. Observamos o caso do *outdoor*, que, colocado nos pontos estratégicos das vias de acesso, fica de frente para a pista de rodagem, onde passam os automóveis com seus prováveis clientes; os *outdoors* são postados de costas para as humildes casas à beira da estrada e para as favelas que povoam as margens das rodovias brasileiras, a quem a mensagem não quer atingir.

A função do marketing

Para falar sobre publicidade, é preciso abordar também o marketing, seu irmão gêmeo sempre presente, seja propaganda política ou publicidade comercial. O nome não foi traduzido, já estando cristalizado assim no jargão da área, e então aqueles que exercem essa atividade são chamados de marqueteiros.

Ao **marketing** cabe criar incentivos corretos a esses impulsos com o propósito de provocar a ação de consumo dos produtos ou serviços que se quer vender.

Ao canalizar para o produto os impulsos voltados para a satisfação das necessidades e do desejo, as estratégias de marketing fazem com que o produto se apresente como algo cuja posse irá magicamente resolver indagações, demandas em outras esferas da vida pessoal e social, elas não têm no consumo de bens e produtos uma solução. Entre instância social, consumidor e produto, estabelece-se uma relação imaginária, aspecto que veremos mais adiante.

A escolha das estratégias de abordagem é outro passo importante no processo de criação do anúncio. São dois os tipos básicos de tratamento de abordagem feitos pelo anúncio:

o factual e o emocional. No primeiro caso, lida-se diretamente com a realidade, fala-se sobre o produto, o que ele é, como é feito, quais suas características técnicas etc. No segundo, os dados factuais cedem lugar ao apelo a valores que são extraídos do próprio universo do consumidor. Da informação técnica, objetiva e mensurável, passa-se ao plano da experiência e da vivência.

O marketing é o procedimento escolhido para se conduzir a publicidade, e é na propaganda política que essas estratégias são claramente percebidas: transformam-se lobos em cordeiros, apenas expondo e definindo como o candidato quer ser visto e não como ele é.

Sobre marketing e marqueteiros, Calos Heitor Cony escreveu, há muito tempo, um texto em que compara o episódio bíblico da abertura do mar Vermelho a uma estratégia de marketing. Seguem alguns trechos:

> Antes de atravessar o mar Vermelho, livrando o povo do cativeiro, Moisés decidiu ouvir os marqueteiros do seu tempo [...]. Disse que iria construir uma ponte que unisse as duas margens. Os marqueteiros fizeram cara feia [...]. Moisés desistiu: a ideia era rotineira , cara e demorada. Melhor construir barcos. [...] mas os marqueteiros torceram o nariz: solução pouco moderna. [...] Moisés perdeu a paciência, deu um murro na mesa e disse: "Afinal, o que vocês querem que eu faça? Que eu mande as águas se separarem e formarem uma muralha líquida para que meu povo atravesse a pé enxuto do mar Vermelho?"
> O pessoal delirou. O mais categorizado deles, considerado o gênio da classe, exultou: "Moisés! Isso sim é uma solução criativa! Vai ser um estouro! Se você faz o seu pessoal atravessar a pé o mar Vermelho, eu lhe garanto duas páginas na Bíblia!"
> Mas, isto é uma visão caricatural do marketing e da ação dos marqueteiros, de um cronista do cotidiano nacional, irônico e criativo.
>
> (Fonte: *Folha de S.Paulo*, 10 nov. 96)

De onde vem o poder da publicidade?

Como diz a jornalista mineira Leila Ferreira no seu artigo "A obsessão pelo melhor" (2012), os efeitos da publicidade, como ator social de mudanças comportamentais, têm um aspecto que merece ser observado: a obsessão pelo melhor. A publicidade leva a exigências como ter o melhor computador, o melhor carro, o melhor emprego, a melhor dieta, a melhor operadora de celular, o melhor tênis, o melhor vinho.

O ideal é ter o "top de linha", aquele que deixa os outros para trás e que distingue o usuário e cria um sentimento fugaz de superioridade. Novas marcas surgem a todo instante e com isso novas possibilidades também. E o que era melhor, de repente, parece superado, modesto. O que acontece, quando só vale o melhor, é que o homem passa a viver inquieto, numa insatisfação permanente, sem desfrutar o que conquista. Não relaxa porque tem que correr atrás, de preferência com o melhor tênis. Não que esse deva se acomodar ou se contentar sempre com menos. Mas o menos, às vezes, é mais do que suficiente. Se não dirijo a 140 km/h, para que preciso de um carro com tanta potência? Tem razão Shakespeare quando diz em *Sonhos de uma noite de verão* que "sofremos demais pelo pouco que nos falta e alegramo-nos pouco pelo muito que temos".

A leitura e a recepção das mensagens publicitárias, levadas ao pé da letra, podem conduzir a uma atitude de consumo compulsivo. Essa é uma visão crítica da jornalista Leila Ferreira sobre os efeitos da publicidade para o público em geral, pois faltam limites de bom senso a serem respeitados.

De agora em diante, vamos nos referir à atividade como publicidade (e não mais propaganda, termo contra o qual se tem objeções).

Com ajuda de teóricos da atividade publicitária, serão apresentadas abordagens filosóficas sobre a influência e o poder das mensagens que bombardeiam diariamente o público.

A tarefa de pensar sobre o que lemos e refletir sobre o que vemos é imensa, mas deve ser continuamente retomada, pois nos aperfeiçoa como ser humano e como consciência pensante – tarefa da qual estamos abdicando –, para que não tenhamos as agências de publicidade a pensar por nós.

O poder da publicidade advém daí; redescobrir a infância, isto é, tornar a nos conduzir ao ponto em que outros pensavam por nós, para nos desobrigar de tomar decisões sozinhos. Além de sua função própria – que é a de vender determinado produto –, ela tem outra função muito importante em nossa sociedade: veicula mitos e ritos e com isso interfere na cultura e na educação do povo.

Alguns valores de nossos pais e avós foram alienados, como a economia (poupança), o ascetismo, a simplicidade, pois, como agente da modernização, a publicidade opõe-se a visões do mundo como cristianismo, racionalismo e humanismo. Passam a ser valores ou verdadeiros mitos: o progresso, a abundância, o lazer, a juventude.

David Riesman (1962) pergunta: seria esta a verdadeira felicidade do homem – consumir sempre mais, produtos menos necessários e menos duráveis? A abundância do supérfluo, para quê? No entanto, a publicidade é normativa: ela postula, expõe, impõe uma nova escala de valores, um novo estilo. Ela diz a todos os homens da civilização ocidental como convém viver e ser, trabalhar e divertir-se, ser eternamente amado, jovem e feliz, e cria, aproveitando a crise cultural, novos conceitos do que é bom e desejável. Aproveita-se da insegurança do usuário e faz acreditar que *ter mais* é *ser mais*: mais viril através do sabão de barba, mais feminina através do batom.

O objetivo publicitário não é a informação econômica. O valor econômico é procurado e dito em filigranas (fica bem escondido), através da mediação obrigatória da cultura e da língua, isto é, pela manifestação simbólica dos sistemas.

A linguagem publicitária como veículo eficaz de propaganda é explicada por três caminhos, bem a gosto dos estudiosos das respectivas áreas:

- Psicológico – o prazer da forma, explicado por Freud, atua sobre o receptor, como prazer erótico (no sentido psicanalítico) e como liberador de tendências, tal o poder da censura em nós. É um encorajamento para fazer o que o superego (a consciência) não permite e um prazer em si;
- Antropológico – reaviva em nós arquétipos coletivos mais fundamentais, como a dona de casa perfeita, a mulher sedução, o homem másculo dominador e outros;
- Sociológico – fala mais ao público do que sobre o produto, fazendo-o sentir-se parte de uma comunidade que usa determinado produto. O apelo sociológico tem suas origens na formação dos grupos sociais, tanto que *Slogan* (saxão) e *Réclaim* (francês), são apelos à reunião do clã como também grito de guerra de um grupo.

Olivier Reboul (1975) fala que o paradoxo da propaganda é que ela atinge seus fins, utilizando o que a linguagem tem de mais gratuito: o jogo, a imaginação, a poesia. Mas ela não tem outro objetivo senão o de fazer agir: comprar, seguir uma moda, ser cliente de um banco, aderir a uma campanha.

Jakobson (1973) observa que a função poética fixa a atenção na forma da mensagem desviando-a do que é dito; a função da publicidade é o oposto. Se nos fixarmos na forma, não compraremos o produto.

Daí ela ser um "achado verbal", que consiste em algo extraordinário para falar de coisas banais, mas não um poema. A criação, em vez de ser um ato livre, é um auxiliar de vendas, por meio do qual pintores e poetas têm consciência de sua sujeição à sociedade de consumo.

Vejamos o exemplo:

> Da horrível tosse que me pôs febril,
> Dei cabo, usando apenas a metade
> De um milagroso frasco de Bromil.

Muitos estudiosos advogam o estudo da publicidade como meio de mostrar ao aluno dos ensinos fundamental e médio a sua língua em ação na sociedade, revelando valores e atitudes culturais da época. Assim, ele terá condições de analisar o texto publicitário, rejeitando aqueles cujos argumentos fogem à verdade dos fatos ou falsificam os mesmos.

Esse tipo de educação vem sendo implantado em alguns países, para que os consumidores se tornem adultos conscientes. No ensino básico, uma educação para a publicidade também vem sendo iniciada em algumas séries didáticas, mas como o aluno brasileiro em geral é um usuário deficiente de sua própria língua, torna-se igualmente um usuário despreparado e desarmado diante da massificação publicitária.

Para isso, é preciso despertar também os professores para a necessidade de adaptação do ensino ao mundo atual e para a realidade de uma língua que muda como registram as diversas mídias; não será possível também sem um currículo ligado à realidade do nosso alunado.

Suportes da publicidade

A mensagem publicitária pode ser divulgada em vários tipos de mídia: *outdoor*, televisão, cinema, rádio, jornal, revistas, *folders* etc., que divulgam o anúncio – canal de publicidade que estabelece a ligação direta entre oferta e procura. Baseia-se na palavra escrita, na fala e na imagem, sendo que a palavra (a marca) direciona o sentido da imagem.

No século XXI, no entanto, popularizou-se o novo tipo de mídia que passou a disputar o pódio com as demais: a internet.

As mensagens publicitárias, fáceis de serem compreendidas, adulam a preguiça do público e induzem-no à passividade nos meios audiovisuais, como a TV e a internet. São levadas até seus olhos e ouvidos gratuitamente (na aparência, pois no final é o consumidor quem as paga).

A publicidade, de um modo geral, e nas redes sociais da internet, de modo específico, faz parte do arsenal de pressões cuja eficácia determina a parte de cada um dos competidores no mercado. E as redes da internet, nos sites de compra, unificam a sedução (rápida) e a aquisição num mesmo impulso, no mesmo ato. A promoção econômica ganha ares de feito patriótico, humanitário, necessário ao crescimento econômico, mas esconde, na verdade, uma disputa de mercado e uma guerra de produtores, pela maior fatia do bolo.

Na mídia eletrônica – o que existe de mais avançado para divulgação e venda de produtos –, o discurso publicitário assimila uma retórica imemorial, concebida outrora pelo grego Górgias (300 a.C.), como "usuária da persuasão que faz acreditar, mas não da que faz saber". Informar e persuadir medem forças nessas mensagens de onde sai vitorioso o último.

O objetivo expresso do anúncio (bem /serviço/marca) sempre aparece, mas o objetivo oculto é definido pelos receptores a quem pretende atingir, a quem o anúncio fala de si mesmo (do público-alvo) e em sua língua.

A publicidade encontrou na internet o meio ideal para divulgação de produtos e imposição de um estilo de vida: o capitalista. Mas a tecnologia digital usada na internet modificou a forma de divulgação da mensagem com a popularização dos computadores e a expansão das redes, através do acesso livre dos usuários: integrando tudo e todos, permite a qualquer usuário através de redes sociais produzir e distribuir informação, o que não era possível nos *mass media*. Assim, cada um pode divulgar, além de notícias, produtos e marcas.

Alguns estudiosos acham que o fenômeno da divulgação – independente de agências e de domínio de um órgão informacional irá tornar o consumidor emancipado, isto é, torná-lo mais independente nas escolhas, e a publicidade unidirecional menos crível. É a cultura descentralizada na qual o usuário pode ser emissor e receptor.

Para Santaella (1992), o cenário atual tornou-se híbrido, tornando possível a convivência da mensagem oral e da escrita com a cultura de massas e as mídias eletrônicas, havendo, segundo a autora, uma convergência midiática, que vai atingir a mensagem publicitária. Para estudiosos da questão, o poder de escolha na era midiática será transferido, num futuro próximo, do marketing para o consumidor. Mas muitas águas vão rolar até mudar o cenário atual.

Podemos também observar que, apesar do advento da TV, mensagens publicitárias continuam fazendo a cabeça dos clientes nas revistas, jornais, *folders*, *outdoors* e no rádio, através da linguagem escrita e oral e os *jingles* e *slogans* são decorados e repetidos pelo público, seja ele alvo ou não da mensagem.

A realidade social na atualidade aponta para um excesso de apelos que disputam a atenção do consumidor, tornando-a um item precioso para a conquista do público pelo fabricante/anunciante.

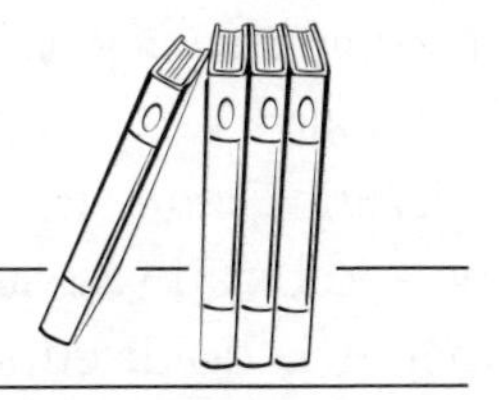

Língua e cultura na mensagem publicitária

Fundamentos linguísticos

A língua, não tendo função em si, existe para expressar a cultura e possibilitar que a informação circule. Ela corporifica as demais interpretações culturais, como as letras nas músicas, a oração na religião, a descrição e a especificação na moda, a receita na culinária, o título nas obras de arte.

Isso significa que o modo de falar corresponde de maneira geral ao modo de pensar de cada povo e que as palavras usadas são ligadas à realidade circundante. No Brasil, país tropical, onde

 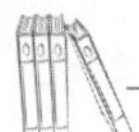

neve é vista raramente em apenas alguns pontos das serras no Sul, para que serviria muitos termos que indicassem os tons de branco da neve, como têm os esquimós?

A cultura é transmitida pela língua, sendo também seu resultado, o meio para operar e a condição da subsistência dessa cultura. O discurso publicitário é também matizado pela cultura em que está inserido, seja no vocabulário escolhido, seja nas imagens selecionadas.

A competência do discurso publicitário e a sua eficácia vão depender da forma como representam a cultura em que está inserido, permitindo estabelecer uma relação pessoal com a realidade próxima. A presença de índices carregados de cultura partilhada pela comunidade aumenta o poder de persuasão e sedução da mensagem veiculada, pois apela para valores que circulam e são aceitos, sendo entendidos facilmente.

Na publicidade brasileira, podemos observar que, enquanto algumas mensagens dirigem-se a um público-alvo nacional, outras são construídas visando um público-alvo mais específico, regional. “O sol trabalha 365 dias por ano e usa sua pele como escritório”, peça publicitária da Episol, loção hidratante, é carregada de cultura brasileira, ou seja, nacional, pois apesar de o produto ser de uma multinacional, coloca em evidência uma qualidade de que nos vangloriamos todos: ser um país ensolarado. Já a publicidade a seguir dirige-se ao público recifense ou aos visitantes da cidade: “E você pensando que as pontes eram as únicas coisas que Recife tinha em comum com Veneza. Quanto Prima: as delícias da Itália em *fast food*”.

Língua e cultura formam um todo indissociável e, no caso da língua e da cultura maternas, esse todo não é ensinado em nenhum lugar especial, mas adquirido ao sabor dos acontecimentos cotidianos. Ele identifica os indivíduos como participantes de uma coletividade e serve de denominador comum para o convívio social.

No caso da língua portuguesa, falada no Brasil, veiculam-se culturas que, embora tenham raízes comuns, diversificaram-se ao longo da história. É o caso das várias regiões brasileiras.

Os componentes de uma língua são de ordem fonológica, sintática e semântico-lexical. Todos eles sofrem diferenciações quando submetidos a influências diversas e são observadas na pronúncia, nas escolhas sintáticas, nas alterações de sentido, nas escolhas do termo, em vertentes diferentes de uma mesma língua. A pronúncia e a construção das frases diferem de uma região para outra. Em Pernambuco, não se usa artigos diante de nomes próprios, ao passo que em quase todo o restante do país é usado. As interjeições são bastante marcadas ("tchê", "bá", "oxente", "ixe Maria", "uai", "ué") pelos usos regionais.

É, contudo, o componente semântico-lexical que revela com maior clareza as divergências entre os usos por diferentes comunidades linguísticas. O léxico, nomeando as realidades extralinguísticas, vai permitir compreender conceitos abstratos e nomear diferentes ocorrências da vida cotidiana. Podemos observar que, na Bahia, a palavra "axé" é de uso comum. A gíria do surfista é, na sua maioria, de origem carioca, pois o Rio é uma cidade de praias. Jangada é uma embarcação só usada no Nordeste. Observamos, também, que um mesmo objeto é nomeado de formas diferentes de acordo com a região: aro/diadema/tiara, biliro/grampo, mandioca/macaxeira/aipim.

As diferenças na língua materna são um tipo particular de fronteira cultural: a identidade é percebida pelo explícito ou pelo implícito na fala. As diferenças culturais não estão apenas circunscritas às nações, nem sequer à língua: podem ser regionais e até mesmo grupais.

As próprias mudanças culturais acontecem de forma imperceptível: uma comunidade não percebe as mutações a não ser quando se instalam definitivamente. Bastante ilustrativo é o caso dos colonizadores portugueses ao dizerem que os índios não tinham fé, nem lei, nem rei, porque, além de não existir estes valores na cultura tupi, eles não sabiam pronunciar os fonemas /f/, /l/ e /r/, por não integrarem a fonética de sua língua.

Palavra e conceito

A palavra analisa e objetiva o pensamento individual, tendo também um valor coletivo, isto é, ela é usada por indivíduos para se comunicar com a comunidade a que pertence.

O vocabulário, símbolo verbal da cultura, perpetua a herança cultural através dos signos verbais e faz a ponte entre o mundo da linguagem e o mundo objetivo. Não é estático, como a realidade objetiva em que se espelha; ele evolui e se adapta, constituindo sempre um portador apropriado de significações, valores e cargas novas que a realidade gera e a palavra transmite. Essas cargas novas são responsáveis pelo surgimento constante e inevitável de neologismos, pela adoção de empréstimos, pela arcaização de termos, pela mudança de significados, como forma de adaptação da língua à evolução do mundo. Ao permitir a comunicação interpessoal, a língua favorece as representações e atitudes coletivas, produzindo a cultura.

Palavras são emblemas culturais, símbolos com significados sociais, que conservam a experiência da atividade humana. Que o digam as palavras "samba", "axé", "frevo", "baião", "lambada", isso só para citar ritmos brasileiros. Um dos elementos (talvez o mais forte) de identificação coletiva é a língua materna, que, associada à cultura, permite a intercompreensão. Isolada da cultura de origem, porém, e inserida em comunidades diferentes, a língua materna vai recebendo marcas dessa nova cultura e formando vertentes que se afastam, sobretudo no aspecto lexical, aquele que nomeia a realidade. Foi o que aconteceu com o português no Brasil e na África, onde se modificou bastante, em vários níveis.

A língua é sempre carregada de cultura em todos os níveis (fonológico, morfológico, sintático e lexical, e até na mímica que reforça a mensagem). Mas é o vocabulário que carrega consigo a maior carga cultural, a cultura comportamental comum. Não há, contudo, uma carga cultural uniforme. O acervo lexical é formado por termos/palavras estáveis e privilegiadas. A partir do seu uso, o conteúdo semântico poderá mudar pela dimensão do uso nas diversas culturas. Uma palavra como "fado" faz o brasileiro lembrar imediatamente de "destino" e ao português traz à mente o seu ritmo nacional.

Há palavras quase neutras e outras bastante marcadas pelos usos sociais. São inúmeros os exemplos de palavras que cristalizam uma carga cultural diferenciada. "Rapariga", sobretudo no nordeste brasileiro, é uma palavra com carga pejorativa, assim como "bicha" e "puto". Em Portugal, são palavras de uso comum, sem carga negativa. "Paneleiro", para o brasileiro, é um termo comum, mas para o português configura-se como um termo pejorativo. "Colaborar", para o francês, lembra o tempo da dominação nazista; já na língua portuguesa, não há carga negativa. "Deer" (veado) tem o mesmo referente em inglês e português, mas cargas culturais diversas.

No Brasil, existem as diferenças dialetais entre regiões, decorrentes de condições e épocas de implantação da língua portuguesa e de sua imposição como língua veicular.

Levando o tema de língua e cultura para a linguagem publicitária, observa-se que elas não são sempre iguais em lugares de culturas diferenciadas como Brasil e Portugal, e até em relação às regiões do Brasil, este país-continente. Mas a TV e a internet têm contribuído bastante para uma globalização, sem conseguir, contudo, alcançar a meta quando o assunto é de interesse ou faz parte da cultura local.

Seguem alguns exemplos:

Brasil	Portugal
Sempre-livre Adapta, seu absorvente íntimo preferido.	*Reglex, o penso higiênico superabsorvente.*
Ser consciente não é deixar de comprar. Ser consciente é saber escolher. Banco Itaú. (Incentivando o uso do cartão de crédito de acordo com a compulsão de compra do brasileiro.)	*Neste verão, fique vermelho sem tomar escaldão. Abra uma conta no BCI – Banco Comércio Indústria.* (Entre nós, este anúncio não funcionaria, pois ficar vermelho no banco é criar dívida. Ficar vermelho em Portugal seria "vermelho de sol" (escaldão).)
Liberdade, ainda que à tardinha. (O texto traz à memória a frase-lema da Inconfidência, memória essa que Portugal não tem.)	*CIF também dá cabo das tormentas.* (A expressão "cabo das tormentas" faz parte da memória coletiva dos portugueses, que dobraram o Cabo das Tormentas na ponta na África, passando a chamar-se Boa Esperança. Para o Brasil, não é significativa a nomeação.)

Em relação às regiões brasileiras, há criativas peças publicitárias de cerveja. No Carnaval da Bahia, assim é descrita uma garrafa: "O boné, o abadá e o folião [em que a tampa é o boné; o rótulo, o abadá; a garrafa, o folião]. Antártica, Paixão Nacional. A cerveja oficial do Carnaval da Bahia".

Assim, quem é de outro Estado pode não se sentir tocado e pode nem entender a peça.

Se dentro de uma mesma língua, de um mesmo país, há estranhamentos na compreensão da mensagem publicitária, quando isso acontece entre línguas diferentes, a dificuldade pode ser maior.

Em 2007, ministrei um curso sobre Linguagem da Publicidade na Sorbonne Nouvelle em Paris, França. Levei daqui alguns exemplos para projetar nossos usos. Um deles, com boa dose de humor, foi sobre o celular Ericsson. Na tela, aparecia uma pequena cobra com a legenda "Sogra chamando", uma alusão ao veneno das sogras, mito popular no Brasil.

Nas aulas que ministrava na Universidade Federal de Pernambuco, todos entendiam e riam. Na França, a reação foi de estranhamento, pois sogra em francês é o cortês *belle mère* (bela mãe). A piada não surtiu efeito algum.

Mas a publicidade, de uma forma geral, seja ela em francês, português ou qualquer outra língua, visa persuadir o público-alvo.

Para observar semelhanças e diferenças entre publicidades de países de diferentes línguas, fizemos trabalho em conjunto com a pesquisadora Tayana Menezes, intitulado *A linguagem publicitária: um estudo comparativo entre a publicidade brasileira e canadense* (2011), no qual tomamos como base o texto "La Langue de la Publicité" (Melillo, 2001: 55), que afirma em primeiro lugar que "a publicidade tem um objetivo comercial, esta é sua razão de ser".

Nesse ponto, faz-se uma ressalva: a publicidade tem, sim, um objetivo comercial, mas pode ter também outros objetivos, como político e ideológico, por exemplo. Sua razão de ser, seja uma publicidade política, seja uma comercial, é a persuasão, isto é, seu objetivo principal é convencer ou seduzir o seu receptor. No francês, há diferença entre *publicité* e *propagande*: a primeira é estritamente comercial – isso pode, em parte, explicar o posicionamento teórico de Melillo (2001); a segunda, no entanto, está atrelada à difusão ideológica.

Charaudeau (1984) também diferencia os termos, afirmando que *propaganda* é mais abrangente que *publicidade*. O primeiro termo está relacionado à mensagem política, religiosa e comercial, enquanto o segundo estaria atrelado apenas à mensagem comercial. No português, os vocábulos publicidade e propaganda, como vimos, são intercambiáveis no uso. Apesar disso, há nuances diferenciais: toda publicidade é propaganda já que tem finalidades ideológicas para o consumo, mas nem toda propaganda é publicidade, pois não tem finalidade comercial.

A grande diferença de posição nos publicitários franceses em relação aos brasileiros é a defesa da pureza e da correção da linguagem, problema que não preocupa os publicitários (nem os usuários) brasileiros.

Diz Cathérine Melillo, canadense de Quebec, falante do francês, que a língua francesa é rica de inumeráveis expressões que permitem utilizá-la com inteligência e criatividade, sem necessitar de estrangeirismos ou infrações à gramática normativa. Já no Brasil, são frequentes os usos da norma popular cotidiana.

Como exemplo, temos a frase "Seu pé tá querendo aparecer" que se aproxima da linguagem cotidiana, cuja variedade é usada para que os adolescentes se identifiquem com a peça publicitária. O verbo "estar" é usado como "tá" à semelhança da linguagem oral, e o verbo "aparecer", no sentido de "quer chamar a atenção", é corroborado pelas imagens: um lugar escuro, onde, no entanto, o tênis é iluminado, cheio de brilho e todos os holofotes estão voltados para ele. Assim ficará seu pé se você usar o tênis Zaxy, é o que o anúncio impresso diz. O desvio da regra padrão é proposital, não é um erro gramatical, mas antes uma estratégia linguística para seduzir, sobretudo, o público jovem.

A mensagem a seguir é recheada de estrangeirismos e gírias – uma estratégia para tornar a fala do anúncio publicitário mais atual e atingir seu público-alvo: as adolescentes. "Você dá um *up* no armário e escolhe o mais *gatinho* da balada. Seu mundo como você gosta".

Melillo (2001) defende o uso da língua padrão, que considera um tesouro a ser resguardado e bem usado, e acredita que todo desvio da norma é prejudicial e degrada a língua, sendo um ato tão grave quanto a delinquência social. Essa opinião, fruto de situação política e cultural do país, é própria dos falantes que valorizam a língua como emblema da nacionalidade.

Para nós, brasileiros, tanto publicitários quanto público-alvo das mensagens publicitárias, as transgressões são vistas como estratégias. O desvio da norma-padrão nem sempre é um erro gramatical, mas uma estratégia de persuasão e sedução, usada por alguém que entende a língua e busca usá-la de acordo com seus propósitos.

O trabalho conclui que há diferenças significativas no posicionamento teórico entre falantes do francês e do português, mas essas diferenças podem ser o resultado da reflexão sobre um mesmo objeto em contextos diferentes. Também há aproximações quanto ao universo do discurso publicitário: o reconhecimento da força de manipulação e influência da publicidade nas sociedades de língua francesa e portuguesa e a natureza eminentemente sedutora da publicidade.

ATIVIDADE

Vimos que, na publicidade, a transgressão no uso da língua é uma estratégia de persuasão e sedução, usada por alguém que entende a língua e busca usá-la de acordo com seus propósitos. Assim sendo, procure textos publicitários cujos produtores tenham recorrido a esse tipo de estratégia, analise o uso da língua e explique o efeito de sentido produzido pela não observância à norma-padrão.

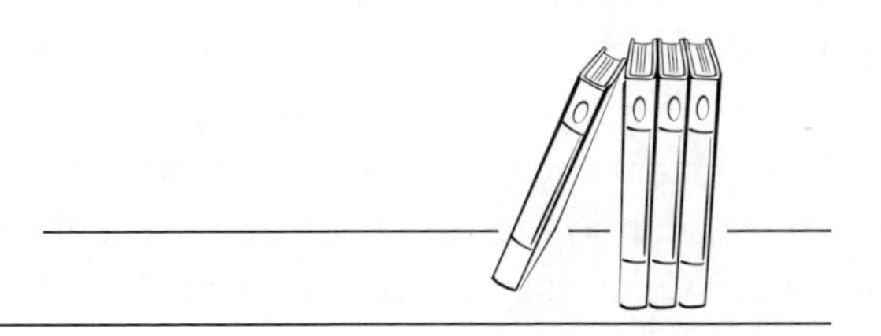

A publicidade como recurso didático

Foi visto no capítulo anterior a indissociabilidade entre língua e cultura e seu papel na aceitação e compreensão das mensagens.

Agora serão abordados os principais aspectos linguísticos que constituem as mensagens e como analisá-los, por três aspectos próprios de qualquer língua:

- os itens léxico-semânticos e suas formas de uso;
- as relações frasais estabelecidas no texto;
- os modos discursivos que constituem a mensagem.

Esses recursos, utilizados no texto, servem ao propósito de conquistar o público, através de três maneiras diferentes entre si:

- ordenar (fazendo agir) – "Abuse e use: C&A";
- persuadir (fazendo crer) – "Se você é trabalho, sou força/ Se você é talento, sou apoio/ Se você é vontade, sou oportunidade/ Se você é crescimento, sou investimento/ Se você é o futuro, eu sou o desenvolvimento. Banco do Nordeste. Há 60 anos o desenvolvimento é o nosso forte";
- seduzir (buscando o prazer) – "Você já viu algum homem alucinado? Calcinhas e soutiens Darling. Deixam todo mundo doido".

Em relação aos itens léxico-semânticos, o seu emprego é determinante na nomeação da marca ou do produto, na qualificação do produto (para que ele serve?) e na exaltação do mesmo, exagerando nas qualidades e distorcendo a realidade.

ATIVIDADE

Vamos entender melhor os caminhos da publicidade?

Então, procure textos cujos recursos usados para conquistar o leitor indicam a função de:

1. ordenar
2. persuadir
3. seduzir

A marca

A imposição do nome próprio (marca) conquista o consumidor para torná-lo fiel ao produto, é essa a proposta da publicidade. Ao divulgar o objeto aliado à marca que o nomeia, contribui para o conhecimento dos objetos e usos da sociedade. A marca torna-se instrumento de categorização do real, um seletor que, à sua maneira categoriza o mundo. Assim, constrói a passagem do realismo do objeto, nome comum, ao simbolismo da marca, nome próprio: "Sabonete Regina". A marca resume as ilimitadas possibilidades de uma linguagem que incentiva o consumo. Todos os produtos possuem *nome de batismo*, que podem identificá-los e fazê-los respeitados no mercado e desejados pelo público. Ao individualizar o produto, a marca cria associações e imagens que lhe atribuem *status* e pode nomear uma gama diversa de objetos, como Nestlé ou O Boticário.

Como se organiza linguisticamente a mensagem publicitária?

A mensagem publicitária, do ponto de vista linguístico, assenta-se sobre o tripé nomear, qualificar, exaltar (Péninou, 1972).

- **Nomear** é conferir identidade com o uso de um nome, transformado em substantivo próprio.
- **Qualificar** é estabelecer um perfil para o produto, criando-lhe atributos.
- **Exaltar** é promover o produto, celebrando seu nome (marca) e seus atributos.

Vejamos, em primeiro lugar, a nomeação.

Nomeação

Para nomear o produto ou a marca, são escolhidos nomes positivos, indicando qualidades (que nem sempre o produto possui) para atrair o público consumidor.

Será tratado aqui o processo de nomeação de marcas e empresas e, então, os substantivos serão abordados.

Ao ser nomeado com uma marca que o distingue, o objeto é retirado do anonimato. Esse nome deve ser único.

A individualização do objeto é feita habitualmente por dois processos: formações vernáculas e empréstimos linguísticos, predominando a novidade dos termos. Não significa que nomes preexistentes não sejam usados (como Azul, Gol, O Boticário, Vivenda, Goyana, Pingo de Ouro, Água de Cheiro), mas que a maior frequência é da novidade na nomeação.

A linguagem publicitária tem como tarefa informar as características dos produtos e esta função objetiva é aparentemente sua função primordial. A mídia escrita e falada deu grande impulso a essa atividade, mas, agora, com a mídia eletrônica, uma tempestade revolucionária aconteceu no campo da comunicação e a língua não poderia sobreviver ilesa a esse processo de ordem social.

Novas formas de linguagem surgem onde é necessário inovar. Muitos produtos e empresas têm nomes tradicionais, mas a criação de novos nomes chama a atenção do consumidor pela novidade do termo. Assim, vamos abordar, em primeiro lugar, a nomeação através dos termos novos, o **neologismo**.

A identificação dos objetos, dos conceitos no léxico, faz do neologismo como inovação linguística um trabalho precioso, para que os produtos, com seu nome de marca, possam representar e exibir o avanço tecnológico desejado pelo público e invocado no termo escolhido.

As raízes do fato se encontram em campos fora da linguagem, mas a modificam e inovam. Empresas e produtos procuram se destacar criando como opção maior um termo neológico para nomeá-los, para ligar o produto ou empresa à inovação tecnológica, a fim de se fazer respeitar e ter um nome diferenciado no mercado. Criam para tais neologismos, utilizando seus vários tipos de formação, adoção de termos estrangeiros (adaptados ou não), derivação própria, composição e mudanças semânticas.

O espírito humano não cessa de criar e isso aciona os mecanismos formadores de neologismos. Toda evolução rápida das práticas sociais, das técnicas e das estruturas de conhecimento constituem um apelo de nomeação, sobretudo quando prática e cultura não são suscitadas dentro da própria cultura, mas elaboradas em culturas e línguas outras. A pesquisa linguística não poderia deixar este fato passar despercebido. O foco de estudo na publicidade foi um meio estratégico de acompanhar as mudanças da língua.

Constatamos que os termos neológicos estão se tornando mais frequentes, pois devem acompanhar a velocidade das mudanças para nomeá-las e, com a mesma velocidade, serem absorvidos pelos falantes, principalmente os termos importados, referentes ao cotidiano, os empréstimos.

Nenhuma comunidade linguística obteve sucesso ao tentar impedir o processo de intercâmbio e adoção de termos estrangeiros. A única forma de se conseguir isso seria evitar contato entre línguas e culturas, algo impossível, sobretudo na era midiática. Com o advento das novas mídias, o intercâmbio tornou-se fato corriqueiro. A publicidade, mola mestra da sociedade de consumo, da criação do mercado global, seguiu a tendência, adequando-se sempre a um contexto específico e a uma comunidade enunciativa, pois o texto publicitário, qualquer que seja a mensagem, sendo o testemunho de uma sociedade, conduz a uma representação da cultura a que pertence, usando ao mesmo tempo elementos da cultura mundial e ocidental. A linguagem publicitária é a maior veiculadora de novidades, de todos os tipos, inclusive linguísticas. Com isso, nela são frequentes as inovações.

Produtos e empresas recorrem à formação de novos termos, para estabelecer um diferencial para o cliente e, assim, saírem do anonimato.

Os neologismos, palavras recém-criadas, têm como pontos de referências sempre a mudança, a evolução, a novidade, o novo, a criação, o surgimento, a inovação. Decorre disso o fato de o neologismo ser algo tão ligado à sociedade atual, tão ao gosto do homem de hoje, sequioso de mudanças e novidades. E, por isso, ligado umbilicalmente à publicidade.

Assim, a criação e o surgimento do neologismo podem dar a falsa impressão de que é uma inovação, que surge a partir do nada, o que não é verdade. O homem normalmente cria a partir de algo já existente, necessitando sempre de matéria-prima.

Assim, o neologismo se vale de termos preexistentes, ligados a determinadas noções, e utiliza-os em novas formações, estabelecendo uma ligação com conhecimentos anteriores.

Quando falamos de uma massa energética obtida através de organismos vivos, chamamos *biomassa*, porque a competência linguística do falante de língua portuguesa faz estabelecer a ligação entre o grego *bios* e vida, através de vários temas que ele conhece, tais como biologia, biociência, biosfera. As criações a partir do nada são raras e pouco importantes. Como todo sistema, a língua também tem suas regras de economia e suas regras de construção.

Todas as palavras, para fazer parte do nosso vocabulário, têm de se adaptar ao padrão da língua portuguesa, como a palavra inglesa *stand*, que foi adaptada na língua portuguesa como *estande*, adquirindo "e" inicial/final, porque o padrão da língua não admite formação com determinadas consoantes desacompanhadas no início no final das palavras.

Mas a maneira mais simples e econômica de surgimento de uma palavra não é através de construção, e sim de mudança de sentido. Temos os salários *achatados*, jogadores *amarelados*, amizades *coloridas*; surgem as *locomotivas* da sociedade, o *piso* e o *teto* salariais, e os *pacotes* são conjunto de medidas governamentais; *malhar* é fazer ginástica, *sarado* é musculoso, *irado* é excelente. Aparência é *visual*, *zorba* é cueca, *ficar* é ter um caso. São conceitos novos, introduzindo novos hábitos, ou velhos hábitos vistos por um prisma diferente.

As regras de construção dizem respeito ao que chamamos **neologismo formal**, palavras que ainda não constam no verbete dos dicionários.

Tipos diversos de elementos são utilizados na construção de novas palavras, como elementos prefixais: *poli*vozes, *multi*visão, *hiper*inflação, *super*jumbo, *tele*processamento.

A lei do menor esforço nos faz formar palavras por redução: apê, pornô, moto, loteca, multi, horti, coca, lipo, hidro e muitos outros.

Os empréstimos entram de roldão, vindos das culturas estrangeiras, sobretudo do inglês. As línguas asiáticas, por exemplo, já nos fizeram substituir *maremoto* por *tsunami*.

Mas qual a ligação entre neologismo e publicidade?

No primeiro caso, exploram-se os processos de formação de palavras em língua portuguesa para buscar novas composições – um artifício que atende à necessidade de diferenciação de cada marca. Os novos termos são esvaziados de sentido anterior, podendo operar uma mudança semântica, ou basear-se em siglas ou formações a partir do nome do fabricante, com ou sem o acréscimo de outra terminação, como Petrobras, Pontofrio, Hemobrás.

Veja, *Istoé*, *Época* e *Oi* são casos de mudanças semânticas, bem como o uso do pronome *Quem*, do substantivo *Caras*, para nomear uma revista de fofocas sobre celebridades.

As siglas são utilizadas com finalidades as mais diversas. Às vezes, se pretende induzir a uma associação de ideias; outras vezes, trata-se apenas de iniciais de nomes próprios. A marca do produto pode representar um apelo ao inusitado, consistindo num nome vazio de significado: Minizac, Nextel, Vivara e Rexona, por exemplo.

Outra maneira de compor um nome é usar formações que permitam associar sentidos, anexando, por exemplo, sufixos: Tampax, Ajax, Artex, Vidrex, Panex, Mentex.

Chamamos a atenção para a frequência da formação em *ax*, *ex*, *ix*, *ox* e *ux* justamente na nomeação de novos produtos – Perfex, Denorex, Pirex, Durex, Zetaflex, Rolex, Remix, Usaflex Calçados, Durafix, Brilux, Lenox (ver Eike Batista e suas organizações-OMX), e de formações em *on* (Neston, Dralon, Avon).

Também se pode provocar a associação de sentidos compondo termos, recorrendo à composição por aglutinação ou apenas justaposição: Sempre-livre (absorvente); Assugrin (adoçante artificial); Cedrobrim (tecido); Brastemp (eletrodomésticos de grande porte) e Assolan.

Há neologismos sem sentido, como Omo, Exxon, Ola, porém são raros. Um caso curioso é o boato de que Omo seriam dois olhos acompanhando e observando o cliente nas gôndolas dos supermercados e levando-o à compra.

Outra maneira comum de nomear produtos é por **empréstimo linguístico**, em geral do inglês. A língua francesa é escolhida para nomear produtos de moda, cosméticos, perfumaria e vinhos. O italiano e o latim são pouco representativos. Tais empréstimos são conotativos, visam ao *status* por meio da adoção de grifes estrangeiras, embora o produto seja fabricado no Brasil. Não levamos em conta as marcas multinacionais, como Phillips, General Electric ou mesmo Chanel e Dior.

Empréstimos linguísticos	**Exemplos**
Com adaptações fonéticas e gráficas	Bayclin, Clinance, Qualy
Adoção integral	Moêt et Chandon, Uncle Ben's
Hibridismo (elementos de línguas diferentes)	Realmaster, Nutrasweet

Temos, do inglês, por exemplo: Wellaton, Carefree, Fashion, Chopper, Bayfresh, Darling, Lycra, Sensation, Citizen, Royal, Diet, Uncle Ben's, Diet Coke e Triumph, All Star, Impulse, tomadas de empréstimo sem qualquer adaptação ao português. Outros exemplos: Colgate (adaptação na pronúncia); Bayclin (adaptado ortograficamente – *clean* para *clin*) e Clinance (também adaptado de *clean*).

Do francês, podemos citar: Valisère, Claude Bergère, Clarins Rouge Vélours, De Gréville, Moêt et Chandon e Écran Dupont, Spoutnik Anti-âge.

Do italiano, temos Fabricato, porém o mais comum é em produtos alimentícios (Capuccino Shake).

Do latim, De Millus e aberrações linguísticas como Intimu's.

Do alemão, Müller; do coreano, Hyundai; do japonês, Suzuki.

Quanto aos processos de formação de nomes de marcas dentro da língua portuguesa, podem ser assim resumidos:

Formação por derivação ou composição

- Derivação:
  Prefixação: Unibanco, Transbrasil, Hiper-magazine.
  Sufixação: Artex, Melhoral, Neston, Crilon.
  Nome próprio: Tecidos Ferreira Guimarães, Casas Bahia.
  Onomatopeia: Pom-pom, Tip-top, Ping-Pong.
  Sigla ou acrônimo: Sadia – **S**ociedade **A**nônima Concór**dia**, TAM – Transporte Aéreo Marília.
- Composição: Aglutinação e justaposição.

Na aglutinação, as palavras se interpenetram de tal forma que perdem elementos formais (sons/letras) e um pouco de sua identidade, seu sentido, o que pode ser visto em Bombril, Globosat.

Na justaposição, as palavras, embora unidas, permanecem inteiras, sem perder elementos e mantêm, até certo ponto, sua identidade, ligadas ou não por hífen: Sempre-livre, De Millus, Bom Ar.

Apesar de serem a **qualificação** (para que serve o produto/serviço) e a **exaltação** (elogiar o produto), importantes elementos da mensagem, a **nomeação**, contudo, é o mais determinante, pois é o nome o cartão de visita do que é divulgado. Um nome inadequado pode ser obstáculo à aceitação e não um auxiliar de vendas eficaz.

Qualificação e exaltação

A qualificação e a exaltação do produto são, via de regra, almas gêmeas: ao dizer para que serve o produto (seu uso), exaltam-se suas qualidades, nem que seja um simples fósforo. Não é por outro motivo que a marca de fósforo tomou o nome de Fiat Lux, frase latina bíblica, referente à criação do mundo, algo bastante exagerado e desproporcional, mas adequado.

Também por esse motivo, circulam textos humorísticos na internet qualificando o produto de acordo com o seu uso e qualidade.

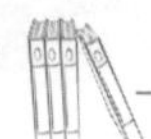

É o que vemos, por exemplo, no texto a seguir, que qualifica o produto como pessoas da família, de acordo com suas características:

Se cerveja fosse gente da família...
A Brahma seria a ESPOSA porque é a número 1.
A Kaiser seria a FILHA porque só dá dor de cabeça.
A Bavária seria a SOGRA porque não desce mesmo.
A Schincariol seria o CUNHADO porque ninguém gosta, mas leva pro churrasco.
A Heineken seria o PRIMO RICO porque todo mundo se acha quando está com ele na mesa.
A Bohemia seria a AVÓ porque as pessoas acham doce, mas depois reclamam.
A Antarctica seria a TIA porque é a mais antiga.

Os processos de qualificar e exaltar são estabelecidos recorrendo-se a relações de sinonímia/equivalência e de antonímia/oposição. Também são usados os recursos linguísticos de homonímia e de polissemia, e, em larga escala, o processo de intensificação linguística, manifestado por advérbios, adjetivos e locuções adverbiais. É enfatizando e exagerando nos atributos que se conquista o público. As metáforas e metonímias são bem-vindas, assim como o eufemismo e a repetição.

Com exemplos, é mais fácil observar esses recursos exercendo o seu papel de persuadir e seduzir.

São **sinônimos** (termos e expressões):

Porcenelle: uma porcelana *superresistente* e *que não trinca.*
Tudo *muda*, tudo se *transforma* com a qualidade das linhas Crilon.
Royal Diet. Para quem quer manter *a elegância* junto com o *bom gosto*.

A **antonímia** mostra-se uma grande aliada para o uso perfeito do antes e do depois: "Antes de usar o produto, eu era assim; depois fiquei mais (bonita, atraente etc.)."

Mas também se revela persuasiva em outros usos:

Flores selvagens. Para amansar as feras e conquistar as belas.
Coleção H. Stern
Com a nova coleção De Millus, você ficará sedutora. Ele pode não dizer nada. Mas você vai provocar absolutamente tudo. [Aqui, o *nada* se contrapõe ao *tudo*.]

A **homonímia** (formas iguais, significados diferentes) desempenha bem seu papel no convencimento do consumidor: A "De Millus está inteira nessa meia", parece ativar um par de antônimos, mas, na verdade, joga com a homonímia *meia* (metade) e *meia* (peça de roupa).

A **polissemia** refere-se a um termo que tem vários sentidos, criando ambiguidade ou duplo sentido no texto:

Como largar o vício do álcool. Este anúncio é para você que é dependente do álcool.
A cura pode estar em suas mãos. Use Vidrex e você vai ver como esse negócio vicia.

O vocabulário do vício desempenha um papel de destaque, criando um jogo duplo na significação entre ser viciado em álcool e ser viciado em limpar vidros com álcool.

A **repetição** é um recurso simples para facilitar a memorização:

Dietoman. Fazer dieta é *perder* quilinhos sem *perder* o prazer.
Todo *azul* que o *azul* tem – KODAK, filmes.

A **metonímia** é usar a causa pelo efeito ou a parte pelo todo: "Fazer Bompreço", por fazer compras no supermercado. Nesse caso, é o específico (Bompreço) pelo geral (supermercado). "Com Anna Pegova, ficar jovem e mais bonita é prazer"– aqui, é a causa pelo efeito, ou seja, ser jovem é a causa e ter prazer é o efeito.

A **metáfora** estabelece uma relação de semelhança, de associação:

 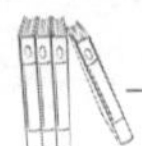

De Millus Poème / Sonhos tecidos de seda / Cantada de paixão / em preto e branco e em cores / no vai e vem elástico / das rendas e dos amores.
Panex: Para as pessoas sofisticadas que adoram fritar ministros, flambar embaixadores, torrar empresários, cozinhar deputados em banho-maria – ou simplesmente fazer um ovo quente.

Já a exaltação do produto é feita a partir da intensificação, processo pouco estudado em português, embora de uso corriqueiro. A **intensificação linguística**, tema da próxima seção, é um processo semântico (de significado) feito por meio de adjetivos, advérbios e locuções adverbiais. Eles podem enfatizar, amplificar a qualidade do produto.

Temos como exemplo:

Royal. *Honestamente* café.
Veja. A *maior* e *mais* respeitada revista do Brasil.
É *melhor* você começar a ler o Estadão.

Eles podem até mesmo atenuar com uma palavra algo que pareça desagradável, através do uso do **eufemismo:** "Renew: Em três semanas, redução visível dos sinais do tempo". Aqui, em vez de "sinais da idade", usa-se "sinais do tempo".

Concluindo o estudo do léxico na publicidade, podemos ver o papel marcante como recurso linguístico do uso dos **adjetivos**. Os mais frequentes em português são:

Bom	Especial	Novo
Bonito	Grande	Original
Completo	Gostoso	Prático
Confortável	Leve	Saudável
Delicioso	Melhor	Sofisticado
Delicado	Moderno	Único
Elegante	Natural	Verdadeiro

Exemplos de uso:

A Chesf gera mais que energia. Gera *novos* caminhos.
Pense *grande*. Comece pequeno. IBM.
Grandes momentos reservados para você. Ypióca.
Tecnologia com Extra economia. Pra sua viagem ser ainda *melhor*. Supermercados Extra.
O virtual é *bom*, mas o real é *melhor*. Viva o real! Ocean Palace.

As formas comparativas *o mais*, *a mais*, *o menos*, *a menos*, *mais que*, *menos que*, *tão*, *tanto*, *maior que*, *menor que*, também estão incluídas na exaltação do produto. Assim como as palavras e locuções denotativas, ou seja, que denotam uma característica que anuncia e põe em evidência o que vai ser dito (estão abaixo em itálico):

a. Afetividade: *infelizmente*, *felizmente*, *ainda bem*;
b. Designação: *eis*;
c. Exclusão: *menos*, *exceto*, *fora*, *salvo*, *senão*;
d. Inclusão: *inclusive*, *também*, *mesmo*, *ainda*, *até*, *demais*, *além disso*, *demais*, *a mais*;
e. Limitação: *só*, *apenas*, *somente*, *unicamente*;
f. Realce: *cá*, *lá*, *só*, *é que*, *sobretudo*, *mesmo*, *embora*;
g. Retificação: *aliás*, *ou melhor*, *isto é*, *ou antes*;
h. Explanação: *isto é*, *a saber*, *por exemplo*;
i. Situação: *afinal*, *agora*, *então*, *mas*.

Também os **verbos** desempenham um papel importante cujo objetivo principal é persuadir o consumidor a comprar o produto anunciado. A forma verbal mais usada é o imperativo:

Compre Batom.

Mas também é usado o presente do indicativo, o futuro composto e algumas outras formas verbais:

 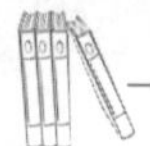

Me dá um Danoninho.
Você vai ficar na moda da cabeça aos pés. Meias Monizac.

Intensificação

Quando a mensagem publicitária exagera a qualidade de seus produtos, utiliza um processo chamado **intensificação**, muito usado na nossa língua, mas pouco estudado.

A *intensificação linguística* é um processo sintático-semântico manifestado por advérbios, adjetivos e locuções adverbiais, como também pela gradação de nomes, verbos e sua repetição.

Esse processo não está estudado de forma sistemática nas gramáticas tradicionais, apesar de ser largamente utilizado na linguagem corrente, escrita ou falada, em um país latino onde o exagero hiperbólico é a tônica da comunicação.

Os advérbios de modo enfatizam a qualidade. No exemplo a seguir, com originalidade, é usado diante de um substantivo:

Café Royal, honestamente café.

Os superlativos ampliam as qualidades:

O maior negócio de China depois da porcelana é a porcelana sintética da Goyana.
Para você fazer um café mais que perfeito, Melita faz dois tipos de filtro.

A intensificação pode ser construída com outros recursos da língua portuguesa:

- Repetição simples: *Lindo, lindo, lindo! Chorou, chorou e nada conseguiu.*
- Aumentativos: *Todo paizão é maluco por chocolates Lacta* e diminutivos: *A criança pescou direitinho a nova Coleção PUC.*
- Ponto de exclamação e uso do artigo definido também podem assumir o papel de intensificador:

Kolinos, ah!
Kibom**, o** sorvete.
Maguary é **o** suco
Neve Supreme, **o** papel.
Atitude, potência e sete lugares; Isto é Dodge!
Conheça de perto nossa alface. De perto mesmo!
McDONALD'S

Recursos sonoros

Estudaremos, agora, o papel do som nas mensagens publicitárias, sobretudo quando são oralizadas.

Entre os recursos sonoros utilizados na publicidade estão a aliteração, a rima e o trocadilho. Eles são usados de forma lúdica para seduzir o consumidor.

A **aliteração** consiste de efeitos provocados pelas combinações fônicas, ou repetição de fonemas no início, no meio ou no fim de palavras próximas ou mesmo distantes, desde que simetricamente dispostas nas frases:

Compre Consul correndo.
Só Esso dá ao seu carro o máximo.
Assine, assuma e Veja.
É clean, é clínico, é Clinance. Clinance.

A **rima** consiste em um elemento sonoro e rítmico que pontua o fim de cada verso e forma ecos entre dois ou mais versos:

Pra você ficar legal, melhor é Melhoral.
Tomou Doril, a dor sumiu.

O **trocadilho** consiste num jogo de palavras baseadas na semelhança de sons, que corresponde a uma diferença de sentido:

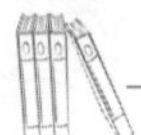

Solte as feras nestas férias. Malhas Marisol.
Nada como um Goodyear atrás do outro. [Estabelece a semelhança com o ditado "Nada com um dia atrás do outro"]

Relações frasais

LIMPA. TONIFICA. HIDRATA. PELE BONITA E BEM CUIDADA, FÁCIL COMO 1, 2, 3.
(Fonte: Disponível em: <http://nivea.com.br>. Acesso em: 10 maio 2008.)

Após análise dos itens lexicais, impõe-se uma análise do **componente sintático**, isto é, uma análise das relações frasais estabelecidas no texto. Para isso, podemos observar a peça publicitária anterior em que a construção frasal não segue os modelos usados no cotidiano.

Tipos de frase

A construção do texto publicitário exige rápida apreensão para fixação da mensagem. Primeiramente, vejamos a tipologia da frase. A publicidade usa frases nominais, frases fragmentadas, frases curtas e só raramente frases longas:

- Frases nominais (sem verbo):

Bradesco: presença lado a lado com você.
O.B. Em cada movimento, em cada conquista.

- Frases fragmentadas (partidas):

NEXTEL. Seu mundo. Agora.
VIVO. Aqui seu smartphone é mais smart. Mais velocidade. Mais cobertura. Mais gente para falar. E mais qualidade sempre.

- Frases curtas (completas):

Encontre sua grandeza. Nike.
Compartilhe cada momento. Claro.

- Frases longas (raras):

Estilo. Algo que as pessoas reparam quando você tem e reparam ainda mais quando não tem. Cartago.
Abrace a vida com axilas maravilhosas, agora com mais vitamina E. Dove.

Processos sintáticos

Nas relações frasais, as orações são ligadas entre si através de conectores (pronomes relativos, conjunções coordenativas ou subordinativas), de onde resultam os processos sintáticos. Os conectores relativos são representados pelos pronomes relativos. Os conectores conjuntivos ligam duas orações com verbos conjugados.

Enquanto conectores verbais, as conjunções são, em princípio, participantes de um contexto verbal.

A classificação a seguir considera as diversas nuances da estrutura do período:

- condição simples (se);
- condição temporal ou temporalidade (quando);
- condição de posição (onde);
- sucessão (antes que, depois que);

 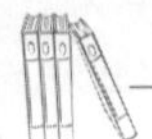

– delimitação de começo e fim (desde que, a partir de);
– consecução (de modo que, tanto que);
– correspondência (à medida que);
– causalidade (porque);
– privação (sem que);
– conteúdo (que);
– finalidade (para que);
– concessão (embora que).

Serão considerados os dois grandes grupos de processo sintático que são a coordenação e a subordinação. O primeiro se constitui como um paralelismo de funções ou valores sintáticos idênticos apresentando a mesma estrutura sintático-gramatical cuja ligação é feita por conjunções coordenativas ou simples justaposição.

Entre as formas de paralelismo que se pode observar nas publicidades a seguir, destacam-se o paralelismo sintático, rítmico e semântico.

- Paralelismo sintático:

> Nem grande, nem pequeno, só perfeito. Micro-ondas Philips.
> O homem inventou o tempo, Seiko aperfeiçoou. Relógio Seiko.

Ambos os verbos estão no mesmo tempo, formando frases paralelas na forma sonora, semântica e sintática.

- Paralelismo rítmico:

> Não existem dois pés iguais, dois atletas iguais, dois esportes iguais.
> Um toque de carinho inspira amizade. Amizade inspira confiança. Confiança inspira carinho.
> Carinho inspira carinho. Johnson & Johnson.

- Paralelismo semântico:

Caso interessante foi o *slogan* criado por Fernando Pessoa para o lançamento da Coca-Cola em Portugal:

Coca-Cola, primeiro estranha, depois entranha.

O sucesso da campanha ficou comprometido e o produto só entrou em Portugal muitos anos depois, apesar da bela construção do poeta.

Às vezes, há uma ruptura semântica:

Marlboro agora está mais perto de você. Mudou de preço. Mude você também.

Aqui, o verbo "mudar" é usado com dois sentidos diferentes.

Na subordinação existe uma forma de hierarquização com relação de dependência para evitar incompletude no sentido e na construção. A ordem das orações pode ser direta ou indireta:

- Ordem direta: principal + subordinada

Novo Sun garante a você o melhor resultado da lavagem porque sua fórmula foi desenvolvida pra combinar com sua máquina. Sun: sabão em pó.

- Ordem indireta: subordinada + principal

Se recadastramento não fosse um assunto tão sério, o Itaú não pediria para você cortar papelzinho.
Depois dos castores, esta é a maior família dos cortadores de madeira. Serra elétrica Bosch.

ATIVIDADES

Proposta 1

1. Os anúncios televisivos para o público infantil, no Brasil, usam frequentemente publicidades com figuras bem conhecidas de tirinhas que apelam para o cotidiano da criança, tais como Mafalda, Cebolinha, Batman e outras. Trata-se

de um apelo à ordem (fazendo agir), ao convencimento (fazendo crer), à sedução (buscando o prazer) ou da união de dois ou mais recursos? Justifique.

2. A identificação com o personagem é um forte elemento para o sucesso desse tipo de publicidade. Você concorda com essa afirmação?
3. Quais das definições de publicidade apresentadas no início do capítulo estão mais adequadas ao efeito produzido na criança pelas mensagens televisivas?
4. As pesquisas de opinião efetuadas por órgãos especializados, como o Ibope, confirmam que a grande maioria do público conscientemente considera a publicidade digna de confiança. Essa afirmação condiz com suas experiências pessoais? Justifique.
5. A nomeação dos personagens de quadrinhos é importante para despertar o interesse do público a que se destina? Justifique.

Proposta 2

1. Selecione peças publicitárias que apresentem recursos sonoros. Identifique esses recursos e indique a função que assumem nos textos selecionados.
2. Procure publicidades veiculadas em revistas. Identifique nesses textos publicitários os adjetivos e separe os que foram mais usados. Apresente uma justificativa para o uso desses adjetivos nos textos que selecionou.
3. A intensificação é frequente na publicidade. Procure três exemplos que enfatizem e amplifiquem a qualidade do produto.
4. Em três peças publicitárias, observe os tempos verbais mais usados e explique o motivo do uso.
5. Forme palavras para nomear produtos destinados a crianças, como refrigerantes e chocolates.

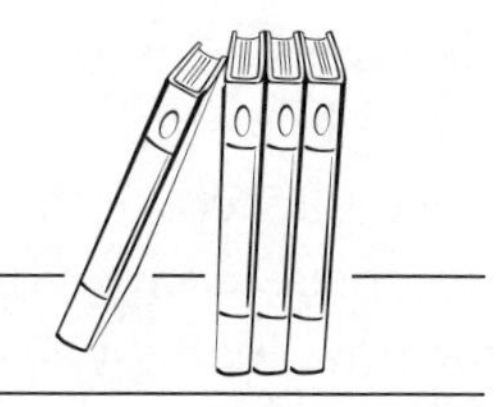

Desenvolvimento do texto publicitário

Todo texto, para ser bem compreendido, tem que respeitar dois tipos de estruturação: a **coesão** e a **coerência**. Isso também é válido, logicamente, para o texto publicitário.

A coesão textual é o mecanismo de estabelecer relações de sentido entre o enunciado e as partes do mesmo. É através desse fenômeno que vai se tecendo o texto. O conceito de coesão textual é um conceito semântico que se refere às relações de sentido existentes no interior do texto.

> Claude Bégère. Uma completa linha de cosméticos que faz em sua essência elementos hidratantes como vitamina E e óleos minerais e vegetais para você ficar mais bonita.

No caso dessa publicidade, a coesão é feita pelo uso de palavras do mesmo campo semântico (palavras que indicam elementos que compõem o produto: vitamina, óleos minerais e vegetais, hidratantes. Elas são da mesma área de significação).

Já a coerência resulta da adequação do que se diz (contexto linguístico) ao contexto extralinguístico, isto é, a que o texto faz referência, conhecido pelo falante/ouvinte. No caso de apresentar uma inadequação entre o que informa e a realidade conhecida, para preservar a coerência do texto, este deve apresentar elementos que indiquem ao falante/ouvinte a razão da falta de coerência.

> Se usar outro, você corta o nosso coração e o seu também.
> Carbonell, azeite de oliva.

> Você jurou amor eterno e agora vai dar florzinhas que duram só três dias?
> H. Stern, Joias.

ATIVIDADES

Proposta 1

Leia o texto seguinte e analise os versos, observando os seguintes aspectos vistos neste capítulo:

1. Tipos de frase
2. Coordenação e subordinação
3. Paralelismo
4. Ordem direta e indireta
5. Coesão textual
6. Coerência linguística x extralinguística

Você sempre foi fantástico com as palavras.
Lembra aquela primeira carta de amor?
Foi quando eu soube que nós acabaríamos casando.
E o poema que você me escreveu na nossa lua de mel em Provence ainda hoje me tira o fôlego.
Então, para celebrar o nosso décimo aniversário, nada me parece tão perfeito quanto dar a você uma Waterman.
Você trouxe tanta beleza à minha vida, que eu gostaria de retribuir de uma maneira muito especial.
WATERMAN
PARIS

(Fonte: *Marie Claire*, maio 1993.)

Proposta 2

Analise, dentro dos mesmos parâmetros, a "Cantada em verso" da De Millus.

CANTADA EM VERSO

Quando ele toca seu corpo
você quase treme.
Mas fica toda prosa
dentro da nova coleção
De Millus Poème.
Sonhos tecidos de seda.
Cantada de paixão
em preto e branco e em cores
no vai e vem elástico
das rendas e dos amores.
Você adora o jeito dele, sedutor.
Você faz ciúme, fala de um fã
pra que ele tome todo o amor
nas taças graciosas do seu sutiã
De Millus. Feito com amor.

(Fonte: Carvalho, Nelly. *Publicidade*: a linguagem da sedução. São Paulo: Ática, 2010, p. 82.)

Como vimos, o estudo das relações frasais desvenda muitos segredos da força da linguagem publicitária. Isso é bom para compreendermos a forte persuasão usada como forma de nos induzir a adquirir o produto.

O estudo das relações frasais leva-nos à análise dos modos discursivos na publicidade, como veremos a seguir.

Modos discursivos

Convém salientar que, embora sejam estudados separadamente, os diferentes modos de discurso podem se combinar no ato de comunicação. Da mesma forma, as modalidades de cada um deles também se combinam no discurso. A análise dos modos discursivos abordará três tipos: argumentativo, narrativo e descritivo.

Discurso argumentativo

Argumentar não significa apenas emitir ideias sobre o mundo. Para que haja uma argumentação é preciso que essas ideias estejam inseridas no âmbito de um questionamento que poderá acarretar um ato de persuasão. O processo argumentativo não deve ser confundido com uma simples asserção ("bebo água"), nem mesmo um simples encadeamento lógico de duas asserções ("bebo água para emagrecer"), como é o caso da publicidade da Chevrolet: "Astra não é mais caro. É mais carro" – porque esta opinião não chega a ser defendida nos moldes formais que estudaremos a seguir. Afirmação e encadeamento devem se combinar para construir parte do processo argumentativo, que chamamos de opinião/tese.

São identificados como componentes da argumentação *as afirmações de partida*, *de passagem* e *de chegada*.

A *afirmação de partida* (A^1) visa admitir uma outra. É o que chamamos de premissa. A *de chegada* (A^3) representa o que deve ser aceito enquanto a *de passagem* (A^2), situada entre as duas, representa um universo de crenças partilhado pelos interlocutores implicado na argumentação.

Essas afirmações quase sempre são implícitas quando se tratam das inferências. Temos como exemplo:

> O céu está azul (A^1), você pode fechar seu guarda-chuva (A^3).
> (*Inferência: "quando o céu está azul não chove (A^2), logo não se precisa de guarda-chuva aberto".*)

O argumento pode aparecer sob a forma de argumento de autoridade, quando são utilizados atos ou julgamentos de uma pessoa ou de um grupo de pessoas de prestígio como meio de prova de uma tese. O valor desse argumento dependerá da opinião que o público tenha a respeito da pessoa ou do grupo de pessoas cuja opinião está sendo usada como argumento. No caso específico da publicidade, a fotografia ou imagem de uma celebridade funcionam também como argumento de autoridade, podendo-se prescindir de suas declarações.

No Brasil, por uma questão cultural, e dependendo da sofisticação do produto, os argumentos de autoridade mais usados são os artistas do cinema e da televisão.

Desse modo, se Cláudia Raia diz que as meias X tornam as pernas mais lindas (mostrando suas belas pernas), os consumidores não ousam contestar o fato (a beleza das pernas da atriz), sem que haja realmente verificação da qualidade e eficácia do produto.

Também podem ser usados intensificadores como argumento na publicidade, como podemos ver nos exemplos a seguir:

> Microsoft. O melhor mouse para Windows.
> *Nenhum outro* jornal tem uma tabela de cotações tão completa. Diário Popular, periódico.
> *Nova* Philips powervision plus. [...] A Philips está lançando uma linha de televisores interativos em que você pode escrever recados na tela [...]. Powervision Philips, televisor.

Outra estratégia usada na argumentação é a pressuposição, isto é, algo que é anterior a afirmação feita, fabricando, por meios diversos, uma imagem do público-alvo na qual o leitor se identifique e se inclua.

Carrefour. É tudo que você queria.

Vamos analisar, quanto à argumentação, a seguinte peça publicitária:

Numa crise como esta, você não pode se dar ao luxo de ter um eletrodoméstico ruim em casa.

Entre uma crise e outra, o brasileiro acabou descobrindo um lugar bom, bonito, barato e bem pertinho para passar o tempo livre: sua própria casa.
Só que não adianta ficar em casa, se for para se incomodar, concorda?
Porque uma coisa é você decidir, por vontade própria, cortar pela metade as idas ao restaurante. Outra coisa é a sua geladeira cortar, contra sua vontade, qualquer possibilidade da cerveja gelar a tempo da corrida na TV.
E quando a máquina de lavar inventa de quebrar no fim de semana? (Já reparou como elas inventam de quebrar em fins de semana?)
Mas o pior é quando você vai se resignando, achando que um Brastemp novo é supérfluo. Enquanto isso, nem percebe quanto gasto supérfluo está tendo com assistência técnica.
Sinceramente: não tem cabimento você sustentar em casa um eletrodoméstico que não funciona direito. Ou perder tempo fazendo tarefas domésticas que poderiam muito bem ser tarefas eletrodomésticas.
Quem for esperar a crise passar para ter conforto vai deixar de ter conforto na hora em que mais precisa dele. Até quando você vai deixar aquele Brastemp novo para depois?
Se as coisas não estão assim nenhuma Brastemp por aí, mais uma razão para que elas estejam assim uma Brastemp na sua casa.
BRASTEMP
Um Brastemp novo não tem comparação.

É possível identificar as afirmações de partida, de passagem e de chegada, por se tratar de um texto longo, raro na publicidade.

A afirmação de partida é o título, que aborda a crise.

A afirmação de passagem são os argumentos de se ter um eletrodoméstico que funciona mal ("desconforto, gasto com assistência técnica e perda de tempo").

E a afirmação de chegada é a solução, isto é, ter uma Brastemp em casa.

Como inferências, podemos observar que, com a crise nacional, a casa torna-se o lugar mais econômico e prático para os lazeres. Porém, se os eletrodomésticos não funcionam bem, a casa passa a ser tão cara quanto os outros meios de diversão; daí a importância de se adquirir um Brastemp, que é bom e não será um gasto supérfluo.

ATIVIDADE

Pense na publicidade da Brastemp e responda as seguintes perguntas:

1. O título da peça publicitária é baseado em qual estratégia de argumentação?
2. Quais os intensificadores usados no desenvolvimento do texto?
3. Qual o papel que a palavra "sinceramente" cumpre no texto?
4. Quais as palavras de carga negativa?
5. Qual a expressão que entrou no cotidiano do brasileiro sem ligação direta com a publicidade?
6. A última frase é uma opinião ou uma constatação? Justifique.

Lógica e pressuposição

Com o recurso da pressuposição, entramos no campo da lógica, também um campo fértil para a construção da mensagem publicitária e que exige mais a atenção dos leitores para além da linguagem usada. As prescrições de medicamentos são tratadas com cuidado, pois podem não ser bem entendidas pelos pacientes, porque muitas vezes não são claros os enunciados que as descrevem. Sendo assim, são percebidas com facilidade as falácias.

A falácia na comunicação é definida como um erro de raciocínio induzido ou resultante de uma interpretação equivocada: raciocina-se mal com dados corretos ou corretamente com dados falsos.

As sentenças genéricas afirmam, com segurança, fatos que às vezes são negados em casos particulares. E com isso induzem a falácias na interpretação de sentenças que podem ser classificadas como sofismas (falso raciocínio elaborado com intenção de enganar) formais ou materiais.

O discurso publicitário utiliza ambos, o primeiro resultante de um desvio na forma de dizer, e o segundo de um engano no julgamento ou na avaliação. Por exemplo: o enunciado "crianças são indagadoras" é um enunciado aceito como verdade pelo senso comum. A força da generalização não deixa perceber que algumas crianças não preenchem esta condição: são as tímidas, as deficientes, as recém-nascidas etc.

A publicidade utiliza esse recurso para divulgar a qualidade de seus produtos porque dificilmente os usuários saberão opor argumentos a frases generalizantes, sobretudo às que apelam para o senso comum. Assim, analisando-se inicialmente um exemplo de caso em relação à publicidade comercial de medicamentos, podemos perceber como atuam em relação ao consumidor falante comum e a razão de sua força argumentativa.

Serão tomadas, como exemplo, publicidades comerciais de medicamentos, por nos parecerem as mais generalizantes e ao mesmo tempo autoritárias, em matéria de publicidade comercial. Elas se constroem e extraem sua força da dificuldade do falante neste domínio do conhecimento.

(1) X penetra suavemente na pele ferida para matar germens que podem causar infecção; desta forma ajuda a sarar rapidamente.

(2) Z contém todas as vitaminas básicas necessárias para o bom funcionamento do organismo. Vitaminas como a A, B, C, e especialmente vitamina E, além de elementos naturais altamente energéticos como o guaraná, a marapuama e ervas medicinais. Desta forma *ajuda* a combater o *stress* e a manter o dinamismo em alta. Pelo menos, no que diz respeito a energia, pode ficar tranquilo.

A afirmação de que as condições de verdade de uma sentença genérica podem ser definidas independentemente do contexto não é confirmada na prática.

As sentenças 1 e 2 são publicidades que buscam o apelo da oferta de um produto feito pelo anunciante usado pelo consumidor para fazer face às suas necessidades. Dessa forma, o contexto é importante para compreender esse tipo enunciado.

O conhecimento das condições de verdade de 1 e 2 e o fato de estarem sendo usados para fazer uma oferta, determinam a forma de interpretá-los.

Apesar de possuírem a capacidade de perceber as condições de verdade, os falantes têm grande dificuldade em perceber as intenções do texto. Na vida cotidiana, vendo televisão, lendo jornal, olhando *outdoors* nas estradas, as pessoas estarão menos aptas e dispostas a fazer inferências. Estão, por assim dizer, desarmados os seus dispositivos lógicos e a publicidade utiliza essa situação para veicular sua mensagem.

Não obstante a falta de uma validade de julgamento confiável consciente, o falante tem sempre um dispositivo de detecção de validade e muito da sua compreensão de sentenças é resultado de uma atividade automática e inconsciente.

Assim, nossa capacidade de detecção de validade opera, sobretudo, no nível inconsciente.

As publicidades comerciais de medicamentos publicadas em revistas especializadas não apresentam alto índice de generalização e são muito autoritárias no que se refere ao falante comum, por estar fora de seu domínio de saber. Tornam-se, no entanto, mais facilmente analisadas em suas condições de verdade, quando lidas por um especialista no assunto.

Vejamos alguns exemplos:

1. GUTTA LAX – Liberdade em gotas. O laxativo para todas as idades. Diálogo Médico n. 13 – 2009.
2. EFORTIL – Tônico circulatório – aumenta a irrigação coronariana, mantém constante a frequência cardíaca e corrige o déficit de irrigação. Clínica e Terapêutica (CT). Janeiro/fevereiro – 2009.
3. BENERVA – Nutre os músculos e alivia a dor nas neuropatias alcoólicas. Diálogo Médico n. 13 – 2010.
4. FEBRALGIN – Ajuda a acabar com a febre e a dor - Desenvolvido para crianças. Clínica e Terapêutica. Janeiro/fevereiro – 2009.
5. CAMOMILA – Prepara a gengiva para a primeira dentição fortalecendo os dentinhos do bebê. Camomila é recalcificante com as vitaminas D e C, e não tem contraindicações. Cláudia, junho de 2007.
6. TOSSE? GRIPE? ROUQUIDÃO? XAROPE SÃO JOÃO (Anúncio veiculado pelo rádio).

Em todas essas publicidades, podemos perceber o alto grau de generalização e necessidade de inferências, dificilmente realizados pelo falante comum, o que comprova que, muitas vezes, a mensagem publicitária mal compreendida pode nos induzir ao erro.

Por ser persuasiva e não sedutora, as mensagens sobre medicamentos criam inimigos que devem ser combatidos como a dor, a febre, a prisão de ventre, o alcoolismo, resfriados e muitos outros, como vimos nos exemplos. Isto não significa que os demais não criem inimigos hipotéticos ou reais. Os cosméticos combatem os sinais de idade e seus inimigos são pele flácida, cabelos brancos e até mesmo elementos químicos danosos contido nos produtos rivais.

A intertextualidade

Na intertextualidade, há uma alusão a textos anteriores que se apoia no conhecimento partilhado do mundo. Como exemplo, temos a publicidade das sandálias Havaianas:

Liberdade ainda que à tardinha – sandálias Havaianas.

A frase estabelece uma intertextualidade com o lema da Inconfidência Mineira: Liberdade ainda que tardia (*Libertas quae sera tamem*).

A intertextualidade como elemento argumentativo pode ser vista na paródia do Hino Nacional a seguir, feita pela Cia. de Comédia Os Melhores do Mundo, para uma peça de teatro:

Hino de publicitário

Num posto do Ipiranga, às margens plácidas,
De um Volvo heroico Brahma retumbante
Skol da liberdade em Ride fúlgido
Brilhou no Shell da pátria nesse instante
Se o Knorr dessa igualdade
Conseguimos conquistar com braço Ford
Em teu Seiko, ó liberdade
Desafio nosso peito à Microsoft
Ó Parmalat, Mastercard, Sharp, Sharp
Amil um sonho intenso, um rádio Philips
[...]
Gillete pela própria natureza
És belo Escort impávido colosso
E o teu futuro espelha essa Grendene
Cerpa gelada!
Entre outras mil é Suvinil, Compaq amada.
Do Philco deste Sollo és mãe Doril
Coca-Cola, Bombril!

ATIVIDADE

1. Como você interpreta o uso de marcas, na maioria estrangeiras, na letra do Hino Nacional?
2. Qual a intenção dessa peça?
3. Há alguma semelhança de sentido entre as palavras originais do Hino Nacional brasileiro com as marcas que as substituíram?

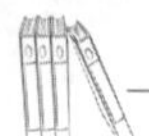

4. A maioria das marcas é nomeada em outra língua. Qual a língua e o que isso significa?
5. Qual é a razão do título do texto?

Discurso narrativo

As publicidades narrativas são bastante úteis no ensino/aprendizagem de línguas, pois fazem apelo a uma fórmula consagrada na literatura mundial. Graças a sua estrutura discursiva universalista, a narrativa constitui um meio prático para se atingir qualquer público, posto que, desde os tempos mais remotos, todos os povos narram e escutam ou leem histórias. No entanto, esse recurso não é largamente empregado na publicidade, pois o argumentativo é o mais usado.

Narrar representa uma busca constante e infinita. É também construir um universo de representações das ações humanas através de um duplo imaginário que repousa sobre dois tipos de crenças, que dizem respeito ao mundo, aos seres humanos e à verdade. Assim, cria-se uma tensão entre "unicidade" (o indivíduo) e "pluralidade" (os seres, o mundo). Daí existirem as narrativas baseadas na verdade homogênea e fundamental (os mitos, os textos sacros etc.) e outras que se fundamentam numa realidade plural do mundo e dos seres (narrativas humorísticas, testemunhos históricos, novelas etc.).

Greimas (1973), linguista francês da corrente estruturalista, criou um modelo dentro da teoria que adotava, para a análise das narrativas. De acordo com este modelo greimasiano, as narrativas são analisáveis em termos de três pares de atores e as relações entre si: sujeito/objeto, ajudante/opositor e doador/receptor.

Em toda narrativa, há alguém (sujeito) que luta por um objeto (amor, honra, liberdade etc.) e sempre há um opositor, seja ele qual for, mas também há aqueles que são seus ajudantes, seus adeptos. No final da história, aparece o doador, normalmente alguém com autoridade, que dá o objeto ao receptor. Toda publicidade narrativa tem como sujeito o consumidor, que deseja uma melhora em algum aspecto da vida. Aparecem dificuldades, mas também aparecem aqueles que o ajudam. No final, vem o doador (o produto) e dá ao consumidor o objeto do desejo inicial (saúde, beleza, riqueza etc.).

Vejamos a estrutura do anúncio abaixo:

O tempo pode ser seu melhor amigo, desde pequeno.

Com os Planos de Previdência Jovem do HSBC Premier, você conta com a ajuda dos nossos especialistas para planejar o futuro do seu filho. Assim, os estudos e os sonhos dele estarão garantidos. Tudo isso a partir de R$ 30,00 mensais.
HSBC Premier.

Seguindo o modelo exposto, podemos classificar as duplas:

Sujeito: você, leitor do anúncio
Objeto: segurança do filho
Ajudante: os especialistas do banco
Opositor: o tempo e falta de planejamento (implícita)
Doador: Planos de Previdência do HSBC Premier
Receptor: filho (seu futuro)

As publicidades narrativas contam o momento do encontro entre o objeto mágico de uma busca (produto/serviço) e o protagonista (consumidor/leitor). As crenças e ações humanas encontradas nas narrativas publicitárias foram classificadas nas seguintes categorias:

- contos populares ou maravilhosos;
- aventuras e viagens;
- relatos históricos;
- cartas, diálogos e entrevistas;
- relatos sentimentais e/ou eróticos.

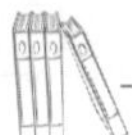

As características das narrativas podem aparecer conjuntamente numa mesma publicidade.

Assim, trazemos como exemplo alguns tipos de narrativas usadas:

- **Relatos históricos**

Coragem era o que sobrava quando os Highlanders perdiam tudo

Caçadores, rudes, guerreiros, vivendo numa terra de geografia agressiva e tempo inclemente. Assim eram os Highlanders, habitantes das terras altas da Escócia [...]. Eles nasciam combatendo [...], lutavam, mas nem sempre venciam. Os Highlanders perderam castelos, batalhas e homens. Mas nunca perderam a coragem nem as Highlands. Nessa região estão as melhores destilarias da Escócia. House of Wellington é mais do que um bom whisky. É um blended único elaborado com maltes das Highlands. Agora este legítimo Highlander pode ser seu. E, pela primeira vez na história, de forma pacífica.

HOUSE OF WELLINGTON. HIGHLANDER. HIGH SCOTCH, UÍSQUE.

(Fonte: Veja, ed. 1512.)

- **Contos populares ou maravilhosos**

Era uma vez uma garota branca como a neve, que causava muita inveja não por ter conhecido sete anões, mas vários morenos de 1.80m.
(O Boticário)

(Fonte: Disponível em: <http://mundofabuloso.blogspot.com.br/2008/01/o-boticario-e-suas-princesas.html>. Acesso em: 20 jun. 2008.)

- **Carta e viagem (conjuntamente)**

ARUBA. É DO CARIBE

Aruba, 1º de junho.
Queridos papai e mamãe,

A lua de mel está simplesmente maravilhosa.
Aqui tem tanta coisa pra fazer! A gente vai pra praia, faz mergulhos, passeia de jet ski. Depois, à tarde, eu e Luís vamos fazer compras.
Aqui não tem imposto, por isso os importados são super em conta.
Agora são oito horas da noite. Estamos aqui no quarto de hotel, que também é ótimo.
Aliás, o Luís tá aqui do meu lado...

ARUBA, ONE COOL SUMMER, empresa de turismo do Caribe.
(Fonte: *Marie Claire*, n. 175.)

Apesar de pouco percebida na estrutura dos textos publicitários, a narrativa é fundamental. O discurso publicitário incita uma situação de busca a fim de se satisfazer a uma necessidade ou desejos. No universo publicitário existe um sujeito X que precisa ou quer ter R (resultado da busca). A única maneira de obter R será adquirindo (buscando) o produto (P) e suas qualidades (Q), que o farão chegar a R.

Para entender melhor, vejamos o exemplo a seguir criado para mostrar como isso funciona:

 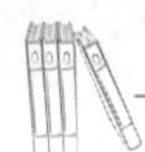

X tem dinheiro e não sabe o que fazer com seu dinheiro (situação de carência). X precisa de um banco que gerencie o seu dinheiro a seu favor. CRÉDIT... é um bom banco (P), que assegura os melhores investimentos (Q). Com P e Q, X chegará a sua intenção: fazer render seu dinheiro R.

Agora, passemos para um exemplo real:

Uma beleza natural

[...] Você quer menos sinais de envelhecimento e uma pele luminosa [...] você quer um sistema de tratamento simples e eficaz [...] produtos naturais e sem agentes químicos.
ICE é 100% natural [...]. A fórmula eleva o nível de energia da sua pele, aumenta a luminosidade [...]. O poder antienvelhecimento de ICE provém de uma fórmula exclusiva à base de plantas raras. Usada diariamente, Fundamental Emulsin devolve à pele a elasticidade característica da juventude [...].

ICE da Monteil "Fundamental Emulsion", cosméticos.
(Fonte: *Marie Claire*, n. 175.)

ATIVIDADES

Proposta 1

O modelo que Greimas criou – explicado anteriormente – para analisar as narrativas foi denominado Teoria Actancial.

Analise, de acordo com esse modelo, a seguinte publicidade:

Hoje, mais do que nunca, é que um antiperspirante tinha que funcionar!
E funcionou! Soft and Gentle me manteve seca o tempo todo. Em geral, entrevistas me fazem suar frio! Mas, graças a minha esperta companheira de apartamento e seu Soft and Gentle, enfrentei a entrevista com a maior tranquilidade. Admito que não acreditei muito ao descobrir que não arde nem mesmo depois de se depilar. Mas ele realmente me manteve seca e fresca. Quer dizer, consegui o emprego, não é?

Soft & Gentle Antiperspirante.
(Fonte: *Revista Capricho*, n. 116.)

Proposta 2

Na revista *Capricho* (editora Abril), a Avon lançou a nova linha de esmalte *Conto de Fadas às Avessas*, com os seguintes nomes: *Quase para sempre, Maçã envenenada, Princesa em fuga, Sapo encantado, Beijo adormecido.*

Explique o porquê dos nomes dos esmaltes e sua ligação com as narrativas dos contos de fada.

Proposta 3

O que sugere a você a publicidade a seguir? Como você narraria?

(Fonte: Disponível em: <http://cafeina.lowebrasil.com.br/?p=1189>. Acesso em: 6 jul. 2008.)

Proposta 4

Responda a pergunta da peça publicitária apresentada a seguir e diga como se chama esse tipo de pergunta.

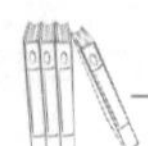

Para que varinha de condão quando se tem maquiagem O Boticário?
(O Boticário)

(Fonte: Disponível em: <http://encantamentosdaliteratura.blogspot.com.br/2010/08/propagandas-e-os-contos-de-fadas parte_16.html.> Acesso em: 6 jul. 2008)

Discurso descritivo

O discurso descritivo diz respeito aos procedimentos linguísticos usados para descrever ou identificar um produto ou uma marca. É a maneira como eles são apresentados ao consumidor. Os procedimentos mais frequentes dizem respeito ao nome do produto/marca que, em si, muitas vezes já descreve o objeto, como podemos ver a seguir:

Bombril
Natura
O Boticário
Supermercado Bompreço
Pague Menos
Jornal da Tarde
Boa Forma
Ultragás
Itaúcard

Nas apresentações do objeto, há procedimentos de atualização que concorrem para a singularização do produto/marca. O uso de determinantes, quantitativos, possessivos e enumerativos tanto podem dar efeito de familiaridade, de proximidade e evidência quanto de idealização ou do nunca visto.

Pode ocorrer também uma indeterminação inicial na descrição do objeto, o que confere certo suspense à sua apresentação por meio de uma descrição crescente com apresentação retardada. Esse suspense pode ser levado ao extremo criando-se verdadeiros enigmas que só são desvendados pela ligação entre o texto e a imagem. Temos como exemplo a publicidade da linha Mercedez-Benz:

> Mais robustez para quem tem estrela brilhar ainda mais.

Tal publicidade é compreendida por ser o símbolo da marca uma estrela.

Em casos mais simples, há uma descrição denotativa ou expositiva por meio da qual o texto descreve em minúcias o objeto, sem camuflagens.

De modo geral, é interessante notar que a publicidade escrita atual tenta reproduzir técnicas da publicidade televisiva: o jogo de esconde-esconde ou do maravilhoso, em que o objeto "mágico" aparece de súbito. Certas técnicas de descrição da linguagem cinematográfica podem ser realizadas na publicidade de periódicos graças à imagem ou foto.

A **generalização** ou a **indefinição** são recursos usados apenas para efeitos de suspense ou mistério, com a finalidade de fisgar a atenção do consumidor. Porém, esse jogo não pode ser mantido por muito tempo, nem sistematicamente, sob pena de desconectar essa atenção.

Na maioria das vezes, a descrição do produto é dada de maneira objetiva. Trata-se de textos simplesmente descritivos nos quais os produtos são definidos com clareza, sem rodeios,

 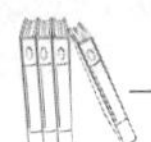

sem suspense, sem alusão. Não há originalidade na descrição. O texto se limita a retratar o objeto detalhadamente. Exemplo:

Veloster 2013 Hyundai

Genial na segurança, design e tecnologia.

Três portas, total segurança para desembarque de passageiros somente pelo lado direito, câmbio automático de 6 velocidades com *shiftronic* supersilencioso, trocas de marchas imperceptíveis e maior autonomia, 6 air bags, rodas aro 18", piloto automático, bancos elétricos de couro Premium, teto solar total *vision* de cristal, câmera de ré com tela de 7 polegadas, lanternas dianteiras em LED.

(Fonte: *Veja*, ed. 1902.)

As descrições, de maneira geral, são feitas ou no tempo presente ou no pretérito imperfeito. Na publicidade puramente descritiva predomina o presente do indicativo. Muitas vezes, as descrições são realizadas por acumulação de detalhes de precisão através de frases nominais. O caráter enumerativo desse tipo de descrição visa à praticidade, informando, sem rodeios, as qualidades e funções do produto, como na publicidade vista anteriormente.

Vejamos, agora, mais uma publicidade que recorre às frases nominais, sem uso de verbos:

Novo Voyage. O sedan com algo mais.

Novo motor 1.0 TEC: economia de combustível com redução de emissões, vidros dianteiros e travamento das portas elétricas de série, rodas de liga leve aro 16", elevação do assoalho do porta-malas.

(Fonte: *Veja*, ed. 1963.)

ATIVIDADE

1. A descrição pode ser literária, jornalística ou publicitária. Procure e selecione descrições em autores como José de Alencar, Machado de Assis, Guimarães Rosa etc. e compare-as com as descrições publicitárias vistas anteriormente.
2. No texto jornalístico, com informações descritivas, podemos observar semelhanças e diferenças com o texto publicitário, também informativo/descritivo. Procure, por exemplo, a descrição dos problemas de uma cidade no jornal e nos folhetos turísticos sobre ela. Estabeleça, sobretudo, as diferenças que percebe.
3. Como você criaria uma peça publicitária de um lançamento imobiliário com características descritivas?

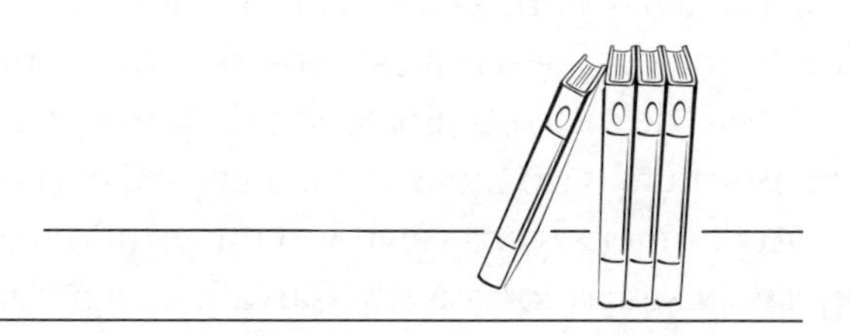

Pesquisas no texto publicitário

Os itens a seguir são pesquisas que comprovam muitas das teorias estudadas e servem como modelo para novos estudos e observações. São dois os exemplos: um, de anúncios de imóveis em jornais diários em épocas diferentes, e outro de propaganda eleitoral, um pouco distanciada da publicidade comercial, embora com pontos em comum.

Anúncios de imóveis na imprensa: ontem e hoje

O primeiro anúncio de que se tem notícia no Brasil surgiu em 1808 e tratava da compra de casas. Pouco tempo depois, pequenos textos parecidos começaram a surgir na imprensa brasileira e anunciavam todo o tipo de acontecimento: da comercialização de escravos a brigas de vizinho. Eram textos, em geral, curtos, sem ilustrações, descritivos e informativos, em forma de classificados. Mais de meio século depois do primeiro classificado com característica de aviso, nota-se uma consciência de critérios na elaboração das mensagens, segundo um estudo realizado em conjunto pelas pesquisadoras Nelly Carvalho, Ana Carlota Rilho Machado e Ana Karine Pereira de Holanda Bastos (2006).

As autoras analisaram anúncios de comercialização de imóveis do século retrasado – 1853 e 1854 – e anúncios na imprensa escrita de 2005, e chegaram à conclusão de que, devido às mudanças ocorridas na vida sociocultural brasileira, os anúncios publicados – na seção de classificados de imóveis – apresentam hoje textos bem mais reduzidos do que os do século XIX. Diferentemente do que acontecia no passado, o objetivo dos anunciantes atuais é veicular, cada vez mais, informações sobre o imóvel a ser negociado. E tudo isso com um custo reduzido, utilizando uma linguagem mais objetiva, clara e compacta, permitindo uma compreensão rápida e eficaz do conteúdo anunciado.

As primeiras construções das casas no Brasil eram cobertas de sapé e tinham boa proteção contra a chuva e o calor, hábitos que foram herdados dos índios brasileiros. Depois as casas foram se diferenciando e a nobreza era ressaltada por elementos mais duradouros, como cal, adobe etc.

Gilberto Freyre, em "Oh de Casa!", afirma que a casa no século XIX era mais que abrigo físico, estava na base do complexo biossocial que constitui o ser brasileiro. Com a chegada de D. João VI ao Rio de Janeiro, a família rural se consolidou nas casas-grandes de engenho das fazendas, e uma série de influências econômicas se definiram e alteraram a estrutura da colônia brasileira. Em Pernambuco, particularmente, definiu-se o antagonismo entre o patriciado das casas-grandes da zona da mata e a burguesia dos sobrados do Recife, que era então prestigiada pelo rei, já desunido dos senhores de engenho.

A mudança da casa-grande para o sobrado trouxe algumas modificações nos hábitos e costumes, mas o senhor de engenho continuava com a sua autoridade. A família ficava fechada no sobrado, mas ele era bem mais acessível às visitas e às notícias sobre as ocorrências do que a casa-grande do engenho ou da fazenda. A casa-grande estava para os sobrados como a senzala estava para os mucambos.

A casa-grande era uma construção pensada para abrigar a família e guardar valores. Ela era composta de senzala, oratório, camarinha, cozinha, chiqueiro, cocheira, estrebaria, horta e jardim. Com o passar dos anos, as senzalas foram ficando menores, tornando-se "quartos para criados" ou dependências fora da casa.

Diário na História: Quarta-feira, 17 de maio de 1854.

Avisos Diversos - Anúncio publicado nesta data - Precisa-se de um sítio com boa casa de vivenda, cômodos para escravos, estribaria para três cavalos e baixa para capim, em qualquer um dos seguintes lugares: Apipucos, Monteiro, Poço, Santa Ana, Ponte de Uchoa e Manguinho; com preferência nos Apipucos, Monteiro e Poço, ainda mesmo sem baixa para campim; quem tiver e quiser arrendar para habitação de uma família, que promete zelar e tratar como se fosse o próprio dono, anuncie por este DIÁRIO DE PERNAMBUCO, ou avise nesta tipografia, ou finalmente dirija-se a rua Formosa, nº 2, onde achará com quem tratar.

(Fonte: *Diário de Pernambuco*, secção "Há 150 anos".)

O discurso publicitário em 1853 atuava apenas descrevendo qualidades do imóvel. A nomeação, muito presente nos anúncios de hoje, ainda tinha poucos registros.

Nos anúncios do século XIX vendiam-se e arrendavam-se sítios, chácaras e fazendas, mas pouquíssimas casas. Nesses discursos eram ressaltados:

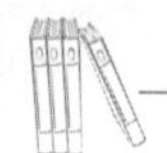

- A natureza do material: as primeiras construções no Recife eram cobertas de sapê e palha e tinham boa proteção contra a chuva e contra o calor. Com o tempo, as construções ficaram "menos vegetais". A nobreza da casa estava, principalmente, nos elementos mais duradouros de sua composição: pedra, cal, adobe, telha, madeira de lei e grade de ferro. Tudo isso era ressaltado nos anúncios dos imóveis.

O DIÁRIO não circulou no domingo, 9 de abril de 1854. Lia-se no dia 10:

Leilão - Quarta-feira, 12 do corrente, ao meio-dia em ponto, o agente J. Galis fará leilão no armazém de M. Carneiro, na rua do Trapiche nº 38, de três pequenas casas térreas de pedra e cal, duas na Boa Vista, rua do Senado, e uma em Santo Antônio, travessa do Pocinho nº 2; as quais se entregarão muito em conta, visto o possuidor ter de retirar-se para fora da província: assim como também irá a leilão um carro de quatro rodas em muito bom estado.

(Fonte: *Diário de Pernambuco*, secção "Há 150 anos".)

- Os jardins e as árvores: os jardins que circundavam os imóveis não eram meramente decorativos. Cultivavam-se plantas pelo cheiro bom, "aroma higiênico" e a profilaxia do imóvel. Esses hábitos eram muito importantes naqueles séculos, quando as ruas eram desprovidas de saneamento, as dependências como chiqueiro, estribaria, vivenda etc. ficavam muito próximo da casa e os animais viviam quase dentro do domicílio. Cultivavam também plantas para o mau-olhado como o alecrim e a arruda.

Diário de Pernambuco: quinta-feira, 20 de março de 1879.

Vendas – Venda ou arrendamento – Vende-se ou arrenda-se um sítio com casa de vivenda, vários arvoredos frutíferos e uma extensa campina, que serve muito bem para criação e plantação, no lugar da estrada nova do Caxangá, freguesia de Afogados, quem o pretender, pode dirigir-se ao mesmo sítio, em casa da viúva Paes de Andrade, e antes querendo informar-se dirija-se a Francisco Urcisino, empregado na Alfândega.

(Fonte: *Diário de Pernambuco*, secção "Há 150 anos".)

- A localização: a anunciante utiliza como argumento para a venda de uma casa o fato de esta situar-se numa rua que ficava perto da igreja, mostrando o caráter religioso das pessoas da época ou de situar-se perto de outros estabelecimentos de referência.
- A qualidade da terra para a plantação do capim, da água para se beber e a extensão da propriedade era o mais enfatizado, porque servia para alojar a família, os criados, os animais, os jardins e as plantações.

Diário de Pernambuco: sábado, 15 de abril de 1854.

Aluga-se um pequeno sítio com boa casa, parreira com bastante uvas quase maduras, algumas fruteiras, boa água de beber, no princípio da estrada dos Aflitos ao pé do Manguinhos: dirija-se ao largo da Trempe sobrado nº 1, que tem a taberna por baixo, que achará com quem tratar.

(Fonte: *Diário de Pernambuco*, secção "Há 150 anos".)

Os anúncios atuais exaltam e nomeiam. Para influenciar o consumidor, convencendo-o de que é necessário adquirir o produto que se anuncia, a publicidade procura construir a imagem da marca do produto, conferindo a ele traços distintivos. É preciso, pois, que a marca tenha caracteres (nomeação) que garantam sua individualidade, destacando-as das demais. Muitos imóveis anunciados recebem um nome, dessa forma, a marca se cerca de um discurso carregado de positividade de adjetivos: exaltam-se o desempenho, ostentam-se qualidades e valorizam-se os futuros possuidores.

O objeto consumido tem o poder de operar sobre a realidade, reordenando-a sempre de forma positiva.

A ANTENOR LINO LCAR – Vde Lord Carlos – preço bom local ótimo prox boa praia prédio imponente área lazer fantástica pracinha quadra poliesp 2 e 3 gar apts var 3 qts (st) + dep compl. Facilit Infs. 3361-6530/9971-1370 CRECI4707/J

(Fonte: *Jornal do Commercio*. Classificados, 18 maio 2005.)

Tanto os anúncios do século XIX como os da atualidade deslizam de uma função referencial, informativa, para a função persuasiva, sendo que a valorização do imóvel é muito mais latente hoje do que em 1853. Os do século XIX têm o caráter mais subjetivo, com poucas adjetivações avaliativas fazendo um julgamento de valor atribuído pelo locutor. Exemplo: "o preço é módico", "bem afreguezada para a terra pela sua boa localidade" etc.

Os anúncios atuais apresentam uma linguagem mais objetiva e argumentativa, utilizando mais estratégias persuasivas que os do século XIX. Podemos dizer que a utilização de uma linguagem mais argumentativa se justifica pela razão prática de "fechar" logo o negócio para quem vende e afirma a necessidade de aquisição do produto para quem compra. Comparemos os anúncios:

URGENTE ESPETACULAR – apto em prédio c/ pisc 1º and 2 vars sla ampla 3 qts suíte c/ arms p/ morar prox a dona Duda 36 mil **ac. Caixa** 13028-2552/ 0383 / 9961-5654/ 9127-9982

(Fonte: *Jornal do Commercio*. Classificados, 18 maio 2005.)

Sexta-feira, 2 de junho de 1854.
Avisos diversos – Arrenda-se um engenho d'água, situada a uma légua e meia desta cidade, com porto de embarque e proporções para safrejar 1,500 pães anuais, tento além disto excelente baixa para capim, boa horta, ótima casa de vivenda, e

todas as mais obras e oficinas de alvenaria, e em perfeito estado de conservação; negocia-se também a safra pendente, alguns bois e vacas, canas e carroças, tudo novo ou em bom uso; os pretendentes dirijam-se ao sr. Inácio Francisco Cabral Cantanil.

(Fonte: *Diário de Pernambuco*, secção "Há 150 anos".)

Vende-se não apenas uma mercadoria concreta – aquela anunciada –, mas mercadorias simbólicas, como: *status*, juventude, beleza, padrões de comportamento e de consumo, valorizados pelos grupos sociais dominantes. Isso pode ser notado nos anúncios:

A NEWVILLE TA 6059 – Primeira Imobiliária com certificado ISSO 9001: 2000 Edf Selecta Praia Desocupado Armários 30m p/ mar piscina poço Gás Gerador s/Ginástica / Festas / Jogos 69212231 3465 6363 Creci 5980j

(Fonte: *Jornal do Commercio*. Classificados: 18 maio 2005.)

Domingo, 4 de abril de 1853.
Vendas - Vende-se um sítio à beira do rio, no fundo da propriedade de Sant'Ana de dentro, adiante da ponte de Uchôa, defronte do sítio do Sr. Gabriel, com 1,600 palmos ao longo do rio; tem uma majestosa casa com 70 palmos de frente e 90 de fundo, e confina com a estrada que tem de receber a ponte projetada para unir a estrada nova com a da ponte de Uchôa pela passagem do Cordeiro; a proximidade do banho, a salubridade do lugar, a elegância da casa são circunstâncias de grande mérito para quem desejar reunir o útil ao agradável: os pretendentes podem entender-se com o corretor Miguel Carneiro; e para ver, com João Venâncio, na mesma propriedade, defronte da venda do Sr. Nicoláu.

(Fonte: *Diário de Pernambuco*, secção "Há 150 anos".)

Nos anúncios atuais, observa-se que a construção frasal é muito fragmentada. O discurso é direto e preciso, com muitas abreviações, siglas e informações em um único período.

 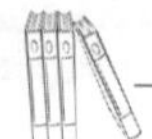

Contudo, tais características não tornam o texto difícil de ser compreendido. Vejamos alguns exemplos dessa fragmentação:

NAVEGANTES ESPETACULAR Apto c/ 4qts 2 gar melhor local var arms tudo que você tem direito R$300 mil F: 3028-2552/0383/9127-9982/9961-5654

(Fonte: *Jornal do Commercio*. Classificados: 18 maio 2005.)

apto – apartamento;
qts – quartos;
var – varanda;
arms – armários;
gar –garagem;
pç – poço;
pil – pilotis;
coz – cozinha;
vdo – vendo;
próx – próximo;
dce – dependência completa empregada;
Creci – Conselho Regional dos Corretores Imobiliários

Além das abreviaturas usadas, como *apto*, *qts*, *var*, *pç*, *coz*, os anunciantes informam aos possíveis compradores as novidades dos imóveis, decorrentes dos avanços tecnológicos, que proporcionam aos consumidores: lazer, comodidade e praticidade. Nesse caso, os estrangeirismos são frequentes:

(suíte) Master
Fitness Club/Fitness Center
Studio
Home Theater
Playground

Seguem as frases e expressões retiradas dos anúncios, próprias da língua usada no século XIX:

a entender-se
a tratar / achará com quem tratar
a vista devidamente apreciadas
abarracadas
acreditada para a terra
afreguezada para a terra
arrendou-se / arrenda-se
baixas para capim / extensa capina
bem plantado sítio
boa água para beber
bom banho
braças
cacimbas
casa de vivenda
casa térrea (de pedra e cal)
casas de taipa
cocheira
cômodos
dirija-se
engenho d'água
estabelecer
estabelecimento
estribaria
légua
muitos arvoredos de frutos / vários arvoredos
negocia-se
palmos
preço módico
quartos fora para criados
quem as pretender / os pretendentes
quintal
safrejar
se arremata
senzala
sítio
sobrado
sofrível casa
sótão
taberna
tanques

Esses torneios sintáticos e lexias são considerados arcaicos em comparação ao dos anúncios atuais. Observemos:

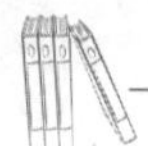

Apartamentos e casas (2008):

área de lazer
armário de cozinha
biblioteca
canil
casas de caseiro
central de ar
central de gás
cerâmica
cerca
circuito de TV
cisterna
cobertura
copa
cozinha
decorado / mobiliado / mobília luxo
despensa
duplex / triplex
elevador
escritório
garagem
gerador próprio
gradeada
granito
guarita
hidromassagem
jardim
lago
m^2
marque agora com o corretor
minicampo
murada / muro alto
piscina
portão elétrico / eletrônico
quadra / quadra poliesportiva / miniquadra
quartos com guarda-roupa
quintal arborizado
rua asfaltada
sala de estar / jantar
sala de ginástica
salão de festas
salão de jogos
sauna
sistema de segurança
suíte
terraço
varanda(s)

A análise leva a uma reflexão sobre o que há de mais concreto e estável em nossa sociedade: a casa, mais que objeto físico, lugar através do qual podemos descrever os relacionamentos humanos. Esse complexo habitacional é um lugar a partir do qual a existência se configura e se expande, podendo ser estudada como habitação e/ou como ponto de partida e referências sociais.

Assim, os anúncios de imóveis do século XIX refletiam os hábitos e costumes da sociedade da época. O discurso no século retrasado, assim como o deste século, veicula valores e comportamentos de suas respectivas épocas, os quais a sociedade cultua.

Dois séculos depois, já não há chácaras, sítios e fazendas nos classificados. As casas de Recife foram derrubadas, dando lugar aos apartamentos. Os imóveis para a comercialização apresentam grande infraestrutura, são oferecidos aos moradores conforto, lazer e segurança; qualidades indispensáveis valorizadas pelas classes mais favorecidas da sociedade moderna.

Com o processo de urbanização, as crianças brincam nos *playgrounds,* não mais nas ruas ou quintais como antigamente. As pessoas fazem suas festas no *hall* dos edifícios e praticam exercícios no *fitness club* ou *center,* confirmando, assim, que os anúncios de imóveis da atualidade vendem, além do espaço físico, as mercadorias simbólicas.

A arquitetura é uma linguagem silenciosa e não verbal. Exprime os costumes e as necessidades do homem numa dada época. Porém, a linguagem verbal dos anúncios, na pragmática de sua mensagem, explicita a forma de viver e a forma de morar dos indivíduos. A ligação entre casa e homem no século XIX, que continha uma sociedade de hábitos ainda rurais, está representada nos anúncios, com amplos espaços e muitos cômodos, mas sem o conforto trazido pela tecnologia do século XX; os anúncios no século XXI, com linguagem cifrada e econômica, também representam a realidade dos tempos de hoje, com seus espaços limitados.

ATIVIDADE

Agora é a sua vez de fazer uma pesquisa sobre a publicidade em diferentes épocas.

Siga as orientações:

1. Pense, por exemplo, em anúncios de carros, brinquedos, alimentos, remédios ou produtos de beleza veiculados em jornais ou revistas.
2. Procure anúncios de um desses produtos em revistas ou jornais antigos e atuais.
3. Observe os recursos linguísticos empregados nos anúncios e estabeleça as diferenças entre eles.
4. Elabore um texto para expressar o resultado de sua análise e a conclusão de sua pesquisa.

Campanhas políticas

De acordo com Verissimo (2002), "a urna eletrônica é apenas o começo de uma informatização progressiva do processo eleitoral que culminará, um dia, com a eliminação do próprio candidato". A profecia de Verissimo leva-nos a pensar: É possível haver eleições sem candidatos? Será essa "predição" um exagero? A julgar pelo marketing observado nas últimas eleições, a afirmação é factível. O fenômeno foi observado pela pesquisadora Tatiana Simões e Luna (2004), cuja análise se segue.

> Define-se *marketing político* como um conjunto de técnicas e procedimentos, cujo objetivo é avaliar, através de pesquisas qualitativas e quantitativas, os humores do eleitorado para, a partir daí, encontrar o caminho para a melhor votação possível. A sequência é a seguinte: análise do clima de opinião, do quadro político e dos adversários; planejamento e realização das pesquisas, análise das pesquisas e elaboração de estratégias, com a definição dos melhores meios de comu-

nicação para se atingir os fins desejáveis, e novas pesquisas para aferir a eficácia do caminho escolhido e, se necessário, corrigir os rumos anteriormente traçados no direcionamento das candidaturas. A atuação publicitária tem início mesmo antes do período oficial, pois realizam-se pesquisas prévias para definir o candidato do partido ou coligação. Procura-se identificar, entre os "pretendentes", o mais lembrado pelo povo e, por conseguinte, com mais chances de vitórias. Como os indivíduos que disputam um *reality show*, os políticos são selecionados conforme a popularidade, conquistada pelos seus atributos de simpatia e/ou beleza.

[...] A comunicação política torna-se cada vez mais eficiente, os candidatos apresentam plataformas de governo quase idênticas (em alguns casos, idêntica) e apresentação similar, tornando-se cada vez mais difícil para o eleitor definir seu voto. Se, por um lado, a democracia ganhou credibilidade com a apuração informatiza da urna eletrônica, por outro, o marketing e os marqueteiros tornaram-se mais importantes que o debate de ideias entre os candidatos. A escolha de um político é similar a de um produto ou serviço: todos têm os mesmos atributos, mas marcas diferentes.

A mudança social se configura discursivamente, é necessário estudar gêneros da comunicação política. Entre as estratégias de marketing utilizadas pela comunicação política, os *slogans* e *jingles* são os mais veiculados e, também por isso, mais conhecidos pelo público do que as propostas dos candidatos.

[...] Nos últimos anos, a política transformou-se em um espetáculo. A constatação aparentemente óbvia possui dupla interpretação: de um lado, a atividade pública é preterida pelos escândalos de corrupção, pelos inquéritos e pelo denuncismo; de outro, seu discurso é suplantado pelos truques publicitários. Deixemos o primeiro caso para a análise de sociólogos e nos preocupemos com o segundo: a mudança do discurso político. Democratas, estadistas ou ditadores, em qualquer época, procuraram mobilizar a opinião pública favoravelmente às suas pessoas e aos seus sistemas de governo. Essa é a principal função da propaganda: fazer surgir um ponto de vista de que um homem e um programa representam melhor ou menos mal aquilo que se deseja interiormente e que, em consequência, é preciso votar neles ou apoiá-los no exercício da função pública.

[...] A principal arma da propaganda, até meados dos anos 1960, era o discurso político. Em praça pública, uma multidão reunia-se para ver e/ou, pelo menos, escutar os oradores, que se mantinham a uma distância relativamente próxima dos ouvintes. A retórica era teatral, abusavam-se dos gestos, dos movimentos corporais, das expressões faciais e do tom de voz. O discurso eloquente, carregado de figuras, de digressões, de acumulações e de suspensões, compensava a estrutura monológica e simulava o debate de ideias, pois a massa era contagiada e levada a gritar palavras de ordem. Esse é o maior objetivo da propaganda ideológica: fazer crer e fazer agir. Através de provas objetivas e de raciocínio lógico, ela procura convencer um auditório universal, dirigindo-se à sua razão.
Hoje, a massa encontra-se dispersa, não se desloca mais para a cena política, mas, ao contrário, é ela que vem à sua casa nas telas da TV. Na intimidade de uma entrevista ou num diálogo-simulacro, os oradores precisam aumentar o domínio sobre a face, sobre o corpo, sobre o tom e o discurso, pois toda falha é notada e exacerbada pelas lentes das câmeras. Nada de gritos ou performances caricaturais, esbravejando denúncias e críticas. A TV é o "país do sorriso", da beleza e simpatia. É preciso mostrar ideias e propostas de forma franca e verdadeira, aproximando-se do telespectador, olhando-o de frente e conversando ao pé do ouvido.
Passa-se à fala suave e sedutora que simula proximidade com o ouvinte, instaurando um clima de confidência, de amizade e confiabilidade entre ele e o orador. Desse modo, o político penetra no universo dos desejos e sentimentos do eleitor, apresentando-se como mercadoria ou herói que pode satisfazê-los.
Com o advento da mídia televisiva, a eloquência política cedeu espaço ao estilo da conversação: os discursos tem periodização mais curta, tendem a supressão, a elipse e a esquematização. A fala política possui forma breve, interativa, fluida, descontínua, fragmentada e imediata, que se prende ao instante antes de inscrever na memória, privilegiando antes a astúcia verbal do que a estratégia discursiva.
Tal mudança discursiva é uma consequência da pós-modernidade e pelo fim das ideologias e das diversas formas de globalização cultural e econômica. Como a plataforma de campanha é definida nas pesquisas de opinião, os discursos dos sujeitos políticos tornam-se similares [...]

Com a democratização, as pessoas tornaram-se mais conscientes do exercício de sua cidadania e mais exigentes quanto à necessidade de transparência na comunicação política. Os métodos utilizados pela comunicação totalitária, como o monopólio da informação, a organização sistemática da mentira, a dramatização e a preocupação didática, foram rejeitados e substituídos pela fala simples, breve e sincera e pela banalização cotidiana das ideias na mídia.

A ordem discursiva política foi deslocada do paradigma da ética para o da estética, devido às mudanças nas formas de comunicação da sociedade contemporânea: da propaganda ideológica em praça pública à publicidade eleitoral na televisão. A primeira coloca em cena os valores e é dirigida ao público anônimo; a segunda, dirige-se ao indivíduo e explora o universo dos desejos (Carvalho, 1996).

Palavra e discurso

Todo discurso é uma dispersão de enunciados que pertencem a diversas formações ideológicas de uma dada conjuntura. Eles circulam de forma descontínua e fragmentada no campo do interdiscurso. O discurso publicitário, devido ao estilo rápido e breve de comunicação, exige uma linguagem econômica e que estabeleça proximidade com o interlocutor. O princípio da economia atua no léxico e na sintaxe da língua. No primeiro, procura-se atingir o máximo de eficácia com o mínimo de palavras, e privilegiam-se os itens lexicais (substantivos, adjetivos, verbos) em detrimento dos gramaticais (preposições, conjunções etc.). No segundo, explora-se a frase nominal, a elipse, a aglutinação e o aspecto telegráfico do enunciado, que conferem maior dinamismo e concisão ao texto.

O eleitor que, na maioria das vezes, não tem tempo, acesso ou mesmo o grau de letramento necessário para compreender o programa de governo de todos os candidatos, deverá ser conquistado por outros meios. O marketing atua na realização de diversos eventos, como showmício, caminhadas e carretas, e utiliza desde suportes convencionais, como jornal, televisão, revista, internet, até não convencionais, como postes de iluminação pública, árvores e paradas de ônibus, a fim de vender suas mercadorias (ou melhor, candidatos), deixando o eleitor superinformado sobre determinado político.

A necessidade de superexposição do candidato e de obediência aos princípios de economia e proximidade exigidos na linguagem publicitária podem soar paradoxais. Contudo, conciliam-se através de gêneros, que respondem a esses propósitos comunicativos, como os *slogans* e os *jingles.*

Olivier Reboul, no livro *O slogan* (1975: 51), apoia-se na pragmática de Austin e na psicanálise freudiana para conceituar o slogan como "uma fórmula concisa e marcante, facilmente repetível, polêmica e frequentemente anônima, destinada a fazer agir as massas tanto pelo seu estilo quanto pelo elemento de autojustificação, passional ou racional que ela comporta".

Analisemos essa definição. A brevidade, conferida pela estrutura gramatical de uma frase, grupo de frases ou de um sintagma, garante ao *slogan* o efeito de impacto. O poder desse gênero, conforme o autor, reside no estilo, permeado de figuras retóricas que proporcionam prazer na repetição da fórmula e agradam enquanto achado verbal. Esse jogo de linguagem atua pela via psicológica, levando o interlocutor a descobrir novos desejos e necessidades, supostamente realizados por um candidato (Carvalho, 1996). Assim, o *slogan* "age pelo que não diz e apela para o que há de infantil em nós" (Reboul, 1975: 40).

A concisão, contudo, não é característica apenas do *slogan*, mas também dos provérbios, máximas, aforismos e adágios. O que o diferencia desses gêneros é o fato de o sentido não estar transparente na materialidade linguística. O implícito tem um papel fundamental, pois no caso do *slogan* "não se trata apenas de uma fórmula curta, mas de uma fórmula sempre mais curta em relação ao que ela quer dizer" (Reboul, 1975). Independentemente do que é dito, a função principal do *slogan* é fazer agir. Ele leva o interlocutor a aderir suas ideias, ao prender sua atenção e resumir de forma curta e incisiva os argumentos de um discurso.

A fim de não perder sua legitimidade, apresenta-se na 3ª pessoa, o que lhe confere estatuto semelhante aos dos axiomas. Os *slogans* devem necessariamente se inscrever em uma ordem discursiva, já que uma propaganda situacionista jamais inscreverá um discurso oposicionista em seu *slogan*.

Apoiados na perspectiva bakhtiniana de estudo dos gêneros, caracterizaremos o *jingle*. Produto de uma atividade linguística específica – a propaganda política, que é dirigida a um público específico (os eleitores) –, o *jingle* é um pequeno anúncio musicado. Circula predominantemente no período eleitoral, mas também é usado para divulgação das obras de determinado governo. Quanto ao conteúdo temático, versa sobre os anseios de uma comunidade e exalta as qualidades de determinado candidato. Seu estilo verbal é caracterizado pelo ritmo, pela rima e pelo uso das figuras de linguagem. Possui a estrutura de uma canção, pois é dividida em estrofes e refrão.

Assim como o *slogan*, o *jingle* apresenta uma pluralidade de sentidos implícitos ao enunciado e sua forma é indissociável do conteúdo. Atravessado por diversos discursos, como os próprios *slogans*, pode constituir uma paródia de uma música conhecida ou servir-se do ritmo característico da comunidade (frevo em Pernambuco, por exemplo) para realizar o anúncio.

Em resumo, o *slogan* atua através de uma frase ou palavra-choque, por ser uma fórmula breve que incita à ação, enquanto o *jingle* seduz pelas rimas fáceis e ritmo alegre da canção que convidam o interlocutor a cantarolá-lo. Os dois gêneros dissimulam sua natureza discursiva, isto é, “mascaram” seu caráter persuasivo ao se apresentarem sob a forma de outro gênero: o primeiro quer se fazer passar por axioma (verdade científica) ou por provérbio (ensinamento), e o segundo, por canção.

ATIVIDADE

Para a realização da atividade, sugerimos os seguintes passos:

1. dividir a turma em grupos;
2. cada grupo deve selecionar *slogans* e *jingles* de um candidato a prefeito de sua cidade;
3. analisar os recursos linguísticos que compõem esses gêneros textuais da comunicação política;
4. cada grupo deve comunicar os resultados de sua análise aos demais grupos e professor.

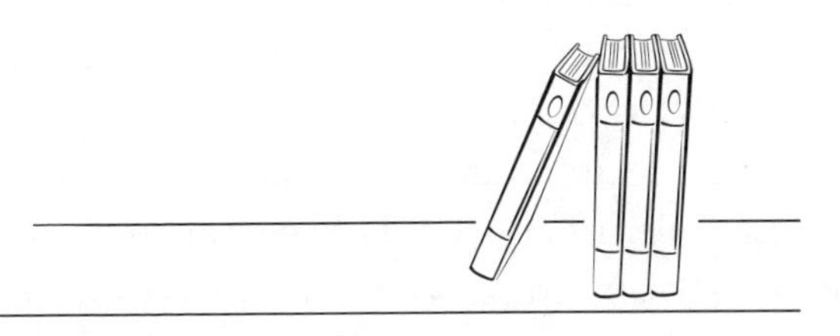

Publicidade nas redes sociais

Este capítulo é resultado de uma pesquisa elaborada pela autora deste livro, Nelly Carvalho, e pelas pesquisadoras Rebeca Lins e Rita Kramer.

A publicidade na internet tem características próprias, pela sua instantaneidade e onipresença, e tornou-se, por esse motivo, sem dúvida, o veículo por excelência da publicidade do século XXI.

Todos os meios são usados para captar o olhar e a atenção do usuário e levá-lo a aderir à proposta que o intima. A publicidade, de um modo geral, e a realizada nas redes sociais da internet, de modo específico, fazem parte do arsenal de pressões cuja eficácia determina a parte de cada um dos competidores no mercado, atingindo o comportamento em outros níveis. Até nos movimentos sociais faz-se sentir sua força, como se viu na Primavera Árabe, nos protestos em Istambul (na praça Tahrir), no Egito, com a derrubada do governo, e inclusive aqui no Brasil, em junho de 2013, com os protestos do povo nas capitais pela qualidade do serviço público.

Por se tratar de uma área em constante mudança e atualização, o *mass media* é o verdadeiro camaleão do mercado global, adequando-se sempre a um contexto específico e a uma comunidade enunciativa, pois o texto publicitário é o testemunho de uma sociedade e conduz a uma representação da cultura a que pertence, permitindo estabelecer uma relação pessoal com a realidade particular.

A internet veio transfigurar absolutamente a cultura e a forma de viver em sociedade e, com esse novo recurso tecnológico, modificou não apenas a linguagem, mas a maneira como seus usuários se relacionam com o mundo. O livre acesso a todo tipo de informação gerou uma grande interatividade entre as pessoas, que reformulou os hábitos de toda uma geração subsequente, como, por exemplo, o assustador crescimento do consumo devido à facilidade na relação compra e venda.

Sendo assim, a publicidade encontrou na internet um estratagema ideal para a divulgação de produtos e propagação de seu "estilo de vida" capitalista.

Por ser um novo meio de comunicação e interação, a internet é denominada pelos publicitários e profissionais da área como "nova mídia". O termo *nova mídia* tem sido utilizado para identificar formas não convencionais de distribuição de conteúdo e publicidade.

São consideradas novas mídias os formatos que utilizam novidades em tecnologias de informação, como internet, CD-ROMS, *games*, redes sociais, mp3 *players*. A cada dia que passa as novas mídias vão aparecendo, e ganhando mais espaço na comunicação. Mais do que alternativas para criar campanhas cada vez mais criativas e com cada vez menos verba, a solução gira em torno de chamar a atenção das pessoas em um determinado produto.

O consumidor é "pluricanal", está interagindo simultaneamente com blogs, redes sociais, iPod... Logo, a nova mídia é trabalhada para atingir a supremacia em comunicação e interação com o consumidor: as páginas da web dialogam de maneira lúdica e persuasiva com o *cliente*, construindo programas capazes de induzir a compra.

Uma nova mídia, em especial, tem chamado atenção não apenas dos profissionais de marketing, mas de acadêmicos como antropólogos, psicólogos e linguistas. Trata-se da crescente demanda das mídias sociais.

Os sites de relacionamento ou redes sociais são ambientes que focam reunir pessoas, os chamados membros, que, uma vez inscritos, podem expor seu perfil com dados como fotos de pessoas, textos, mensagens e vídeos, além de interagir com outros membros, criando listas de amigos e comunidades.

Rede social é uma das formas de representação dos relacionamentos afetivos ou profissionais dos seres humanos entre si ou entre seus agrupamentos de interesses mútuos. Isso significa a possibilidade de se estar conectado a alguém todo o tempo, o tempo todo, sem limite de espaço, e a potencialidade de se conectar as mais diversas pessoas, mesmo sem conhecê-las, com ou sem o seu consentimento em comunidades criadas espontaneamente é praticamente infinita.

Logo, no caso da publicidade, o usuário se relaciona com a marca o tempo todo, através de diversos meios diferentes, ocasionando a perenidade da comunicação na comunidade virtual. Citando Lipnak e Stamp (1992) para ratificar o dito anteriormente, "era da informação é coisa do século XIX, coisa do passado, já estamos na Era da Participação".

Maslow (apud Recuero, 2009) catalogou as principais necessidades humanas, organizando-as numa ordem crescente de importância, e observou que a mensagem publicitária pode explorar os diferentes níveis de necessidades, desde a fome até a realização pessoal. Ela é utilizada de forma estática (escala-se degrau por degrau) ou dinâmica (pode-se transitar entre os degraus e até mesmo estacionar entre dois deles). Recuero (2009) afirma que a pirâmide, com a nova "era da participação", deve ser modificada e assim realizar as devidas atualizações.

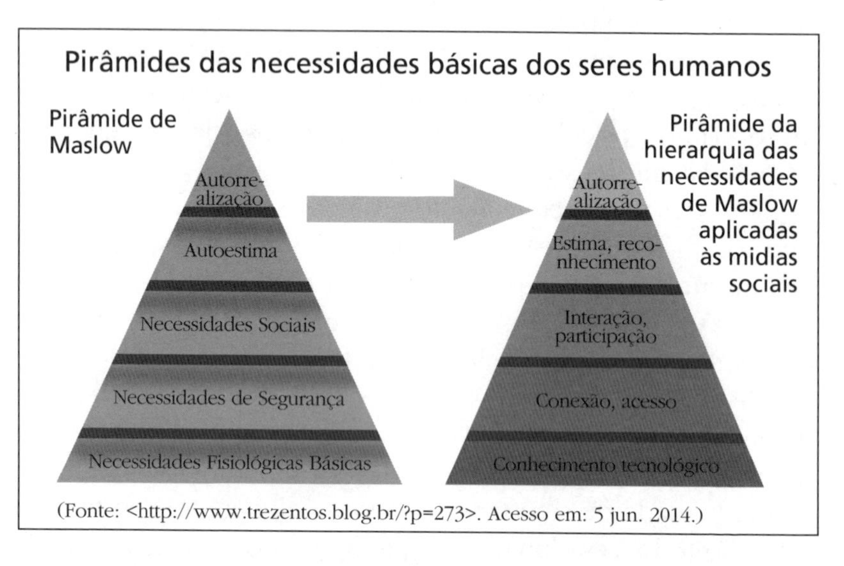

(Fonte: <http://www.trezentos.blog.br/?p=273>. Acesso em: 5 jun. 2014.)

- **Conhecimento tecnológico** – Hoje, com interfaces cada vez mais intuitivas, o conhecimento tecnológico é um degrau irrelevante, facilmente transposto por qualquer um que tenha o mínimo de conhecimento.
- **Conexão, acesso** – Com o advento da inclusão digital, das *lan houses* populares e da queda nos preços do acesso à banda larga, conexão e acesso são facilmente alcançados por muita gente.
- **Interação, participação** – É o momento em que o usuário começa a interagir em mídias sociais tais como

redes sociais, fóruns, listas de discussão e até mesmo comentando e/ou criando blogs.

- **Estima, reconhecimento** – O usuário quer reconhecimento, inicia um blog, uma comunidade, ou até mesmo torna-se um usuário extremamente participativo nos fóruns e listas de discussão. Busca reconhecimento e investe maximamente nisso.
- **Autorrealização** – Sua presença no ciberespaço está garantida, ele já é reconhecido e tornou-se uma celebridade. Faz parte de um ou mais núcleos sociais. Torna-se um compulsivo por *mashups* (combinação de dois aplicativos que podem complementar e melhorar a oferta de determinado serviço – um site de notícias que utiliza o Google Maps ou o Youtube, por exemplo) e redes sociais.

Uma pesquisa realizada pela agência de pesquisas Ibope, em 2010, mostrou que campanhas on-line partindo de blogs ou outras redes sociais podem ter um impacto 500 vezes maior do que se as mesmas partissem dos sites das próprias empresas, o que torna o consumidor multifacetado. A publicidade tem o papel de imprimir o caráter e de construir a imagem de uma marca, delegando atributos para essa nova identidade, afinal "a promessa de benefício contida na marca vai dar a ela valor próprio, existência própria" (Echeverria, 2005). No caso específico das redes sociais, o produto transita de "perfil em perfil" como mais um amigo conectado e/ou comunidade virtual. Ou seria o usuário mais um tipo de produto da "era da participação"?

As crianças estão cada vez mais "plugadas" no mundo virtual e desconectadas da realidade próxima, e para conseguir reunir a família em um simples jantar às vezes é difícil. Hoje, as pessoas parecem, como dizia Drummond, "etiquetas ambulantes" alimentadas pelo bombardeamento cibernético divulgado pela publicidade. Embora todos reconheçam as imensas inovações e facilidades que as novas tecnologias proporcionaram à sociedade da informação, deve-se observar o quanto a inserção desse novo ritmo e acepções de realidade influenciaram e modificaram o nosso estilo de vida.

Publicidade em redes de relacionamento: da tecnologia ao discurso

Como se sabe, as redes sociais se dividem em níveis específicos a partir dos interesses dos indivíduos/sujeitos participantes de cada uma delas. Há as redes profissionais, políticas, comunitárias, de relacionamento etc. Esses diferentes tipos indicam a distinção de perfis de cada usuário, fazendo de sua inserção em uma dessas redes uma classificação pressuposta de grupos sociais.

Nesse ínterim, as redes de relacionamento têm a propriedade de abranger um público bastante heterogêneo, tendo em vista que as pessoas participantes podem ter preferências e perfis os mais variados possíveis, diferentemente do que ocorre com redes mais restritas, como profissionais ou políticas, por exemplo. Por essa razão, as redes de relacionamento, como os atualmente populares Twitter e Facebook, servem como excelente fonte de pesquisa sobre a relação não linear que tem ocorrido entre publicidade, rede e usuários/consumidores.

Como já foi dito, na concepção da linguagem publicitária, existe uma relação imaginária entre consumidor e produto e esta é baseada na confiança e na legitimidade que o consumidor deposita no anúncio. Tendo essa ideia como premissa e ponto de partida, pode ser suscitado o seguinte questionamento: nas redes sociais, como se configura essa relação indispensável de confiança entre consumidor e publicidade? As novas formas de interação mediadas pelo suporte fluido e tecnológico – sobre o qual se desenvolvem as interfaces digitais – afetam as estratégias de linguagem utilizadas pela publicidade?

Para responder a esses questionamentos, foram selecionadas publicidades de dois domínios de relacionamento mais populares entre o público brasileiro: Twitter e Facebook. A análise das peças selecionadas demonstram sinais de como a publicidade tem se comportado diante dessas novas formas de interação e como essas relações têm se manifestado.

Na "era da participação", e com a nova acepção do sujeito como pluricanal, as relações entre os papéis são alterados pelos recursos tecnológicos que agora estão também ao alcance direto dos receptores da mensagem.

Uma importante observação a se fazer na leitura das peças selecionadas na análise é a de que, como estão em redes de relacionamentos, se inserem em um determinado espaço social definido pelo perfil do indivíduo que as coletou. Apesar de as redes destruírem muitos limites de espaço real entre os sujeitos, partindo do pressuposto de que os relacionamentos nos meios digitais também refletem a rede social da realidade concreta, muitas vezes acontecerá a aproximação entre a localização espacial e social dos produtos/eventos anunciados e o destinatário dos anúncios.

A seguir, observam-se anúncios postados através do Twitter:

1.@noarcm Começa logo mais o primeiro dia da Mostra Play The Movie no Teatro Apolo pelo @noarcm. E depois cine-concerto com Adis Abbeba Dub.
2.@cenarioculttpb Quer ir ao Coquetel Molotov? A Cenário Cultural te leva!
3.@brunosouza Concorra ao DVD 'Jimi Hendrix Live at Woodstock'.

Nos exemplos anteriores, há divulgações publicitárias através da fonte do anúncio e dos amigos seguidos. "Seguir" alguém, na rede do Twitter, significa manifestar o interesse em partilhar das mesmas informações e pensamentos de quem se está seguindo, pressupondo uma aderência (positiva ou negativa, mas sempre aderência) ao discurso dos outros sujeitos construídos dentro do espaço do dizer, que é a rede.

Na rede do Twitter, só é possível acessar informações/divulgações de alguém que se segue ou que algum amigo da mesma rede siga, se este amigo realizar o que se chama de retweet. O retweet é a postagem de uma informação/divulgação dada por outro perfil, sendo explícita a ação de citação, com referência à fonte de origem da informação. Nesse caso, o enunciador da publicidade será sempre algo (produto que anuncia a si próprio) ou alguém selecionado de antemão pelo receptor como alguém autorizado a fazê-lo. Assim, realiza-se de uma redução da possibilidade de fracasso do anúncio. Em geral, as publicidades que chegam ao sujeito inserido na rede do Twitter são de seu interesse, pois esse sujeito já indicou muitas de suas expectativas através de sua ligação com outros sujeitos, como se a rede fosse um filtro discursivo. A interação através das redes surge, aqui, como elemento de significação participante do circuito comunicativo no espaço externo do dizer.

Os três "anúncios" citados estão em consonância quanto ao tema a que se referem. Tanto o perfil "@noarcm", que representa um evento de música realizado no Recife quanto os perfis "@brunosouza", que é um integrante da rede do dono do perfil em que foram coletados os anúncios, e @cenariocultpb, que publica sobre eventos culturais na Paraíba, divulgam promoções relacionadas à música. Essa conformidade reforça a ideia de que a própria rede faz uma triagem do que se pensa como destinatário ideal, mesmo antes da produção da mensagem publicitária.

Vejamos, agora, como funciona a publicidade na rede social Facebook.

Texto 1.
Nightlife Exchange
Em 27 de novembro, o mundo vai trocar suas baladas. E você pode ganhar ingressos para estar em uma delas! Clique e descubra. (18.685 pessoas curtiram Smirnoff Brasil.)

Texto 2.
Crie um anúncio
As páginas do Facebook fazem com que você descubra novos artistas, empresas e marcas, além de fazer com que você não perca o contato com pessoas importantes em sua vida.

Os textos apresentam alguns aspectos da construção publicitária na rede do Facebook. Nessa rede de relacionamento, há um recurso de ação que se nomeia com o verbo "curtir". Quando os indivíduos da rede acham interessante ou aderem a algum evento ou divulgação do site, eles têm a possibilidade de mostrar que "curtiram" clicando em um link da divulgação. Fazendo isso, o sujeito divulga o mesmo evento ou produto para seus amigos da rede, compartilhando com eles a informação e sua apreciação.

O recurso citado pode ser observado no texto 1, numa publicidade de um evento promovido pela marca de vodca Smirnoff. A mensagem é sedutora, utilizando o recurso do diálogo com o destinatário para despertar seu interesse pelo produto divulgado. Porém, além destas estratégias de linguagem, a mensagem conta com a colaboração das milhares de pessoas que "curtiram" o evento e estão o legitimando com sua aprovação. Mais um elemento persuasivo para atrair os consumidores potenciais, que se insere no gênero através dos recursos que o suporte digital disponibiliza e das estratégias comunicativas que as redes viabilizam.

Já no texto 2, apresenta-se um anúncio que tem como enunciador o próprio site do Facebook, e desta vez os destinatários são também os produtores potenciais. É comum encontrar esse tipo de publicidade em suportes como *outdoors*, classificados de jornais etc. O enunciado "crie seu anúncio" dá autoridade a qualquer usuário para ser ele mesmo um publicitário e divulgar seus produtos. Obviamente isso não será feito da mesma maneira como seria em um anúncio oficial, mas essa possibilidade ratifica a importância da interatividade nas redes digitais de relacionamento e sinaliza a tentativa de construir uma imagem democrática do espaço publicitário nas redes, como um serviço ao alcance de todos os sujeitos.

As redes sociais possibilitam que a informação flua de maneira fácil, rápida e contagiante, e estes são os princípios básicos almejados pela publicidade para a construção de marcas, facilitação da compra para seus clientes e, acima de tudo, ratificação de seu papel na sociedade capitalista.

Logo, a nova mídia aliada às múltiplas formas de "contato" veio transfigurar a maneira como as pessoas se comunicam e interagem umas com as outras em sociedade e como lidam com os novos aspectos tecnológicos a ponto de modificar seu estilo de vida e necessidades básicas para a sobrevivência humana.

ATIVIDADE

1. Procure anúncios produzidos e veiculados nas redes sociais.
2. Analise os anúncios selecionados considerando:
   2.1. o contexto de produção e veiculação das redes sociais;
   2.2. os recursos linguísticos que são peculiares aos anúncios em redes sociais.

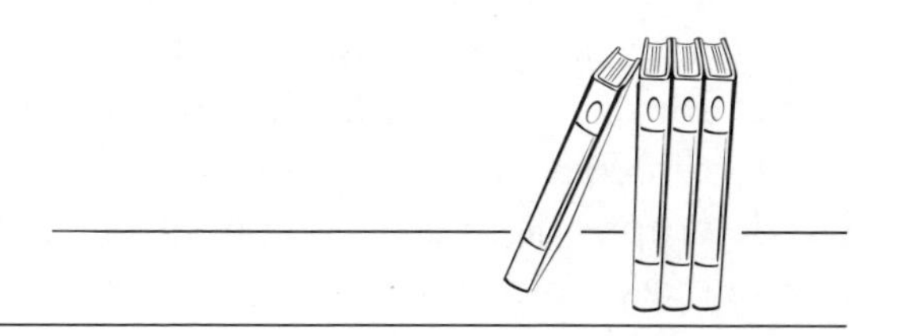

Conclusão

No decorrer do livro, foi visto que a construção de sentido na mensagem publicitária se estabelece por uma conjunção de fatores diversos em que interagem o linguístico e o imagético, as condições de produção, que incluem a sociedade, a cultura, o consumidor, o anunciante e as instâncias de recepção.

Partiu-se da unidade mais simples, os itens lexicais, para, em seguida, alcançar o nível frasal e o textual. Depois, foram observados os modos de discurso e suas implicações na construção do sentido junto com a relação texto-imagem.

Em relação ao nível frasal observamos que *a ordem dos fatores altera o produto*. Dizer que "X é o sabão que lava mais branco" não é o mesmo que dizer que "o sabão que lava mais branco é X". No primeiro caso, o produto está em posição de destaque; no segundo, é a natureza do produto sabão que está sendo realçada.

Percebe-se que existem várias dimensões, além da linguística, no discurso publicitário: a lúdica, que busca o riso; a ideológica, implícita ou explícita; a mágica, um jogo de faz de conta; e a mercadológica, que determina todas as outras.

A busca de afirmação do indivíduo na sociedade atual aponta para duas direções: a necessidade de socialização e de fortalecimento de grupos de interesses comuns e, contraditoriamente, o desejo de ser único e especial. A publicidade reativa essas tendências e dirige-se ao sujeito individual e universal ao mesmo tempo. Transforma-se, então, num palco de ilusões e manipulações, propondo ao indivíduo prestígio, tranquilidade, conforto, segurança e saúde, criando um "eu" coletivo e ao mesmo tempo singular. Assim, o único meio de alcançar essa meta é adquirindo o produto em questão.

A publicidade e o consumo são formas através das quais o sistema não só veicula os valores básicos pelos quais se sustenta, como também tenta recriar, por meio da palavra, da imagem e da posse do objeto, a identidade perdida, a dose imprescindível de lirismo, sonho e fantasia.

A determinação social dos vários discursos produzidos por uma dada sociedade define a compreensão da noção de contexto, e a leitura desses discursos conduz a uma leitura da própria sociedade. Para Cohn (1973), a ideologia se apresenta como o conceito que permite articular, no plano analítico, sistemas simbólicos e sistemas sociais.

Compreender uma sociedade e os diversos discursos que ela produz é, pois, decodificar a ideologia a eles subjacente. A perspectiva é a de uma ciência crítica que se manifesta como leitura ideológica e denuncia as contradições sociais "resolvidas" pela ideologia.

Sujeita às mesmas regras do sistema produtivo e visando basicamente o lucro, boa parte da produção simbólica de nossa sociedade se transforma em instrumento de reprodução e sustentação do modo de produção que a origina, de manutenção de um quadro de dependência econômica e cultural.

Mas resta ainda analisar a influência do elemento cultural na vertente brasileira da língua portuguesa para concluir como se descobrir o motivo da eficácia do discurso publicitário sobre os usuários, às vezes tão despreparados.

Resta-nos um mergulho de cabeça nesse intrincado e – por que não? – maravilhoso mundo da publicidade para, de dentro, descobrir-lhe os segredos, os mecanismos persuasivos, a manipulação sutil do desejo, rompendo, dessa forma, a aura de encantamento e fantasia que frequentemente o envolve.

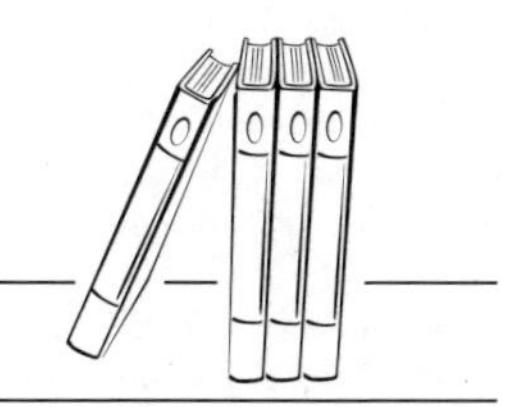

Bibliografia

ADAM, Jean Michel; GOLDENSTEIN, Jean Pierre. *Linguistique et discours littéraire.* Paris: Larousse, 1978.

______. *Vers une tipologie des discours*: l'exemple du texte publicitaire em Le Français aujourd'hui. Paris: INLF, 1974, p. 2-14.

ALGEO, John. *British/American*: lexical differences in English across cultures/culture across English communication. New York, 1989.

ALVES, Ieda Maria. *Neologismo*: criação lexical. São Paulo: Ática, 1990.

AUSTIN, J. L. *Quando dizer é fazer.* Trad. Danilo N. de Souza Filho. Porto Alegre: Artes Médicas, 1990.

BALLY, Charles. *El lenguaje y la vida.* 3. ed. Buenos Aires: Losada, 1941.

BARTHES, Roland. "Le message publicitaire, rêve et poésie". *Cahier de la Publicité.* Paris, IREP, p. 91-3.

______. *Aula.* Trad. Leila Perrone Moisés. São Paulo: Cultrix, 1989.

BAUDRILLARD, Jean. *Le système des objects.* Paris: Gallimard, 1968.

BECHARA, Evanildo. *Moderna Gramática Portuguesa.* 37. ed. Rio de Janeiro: Lucerna, 2004.

BEHAR, Lisa Block. *El lenguaje de la publicidad.* 3. ed. Madrid: Siglo XXI, 1977.

BELCHIOR, Isabel Adelaide Sales Henrique. "Os sinais e os signos da publicidade na Suécia e em Portugal". *Logos.* Lisboa, Almedina, 1986, n. 6, pp. 40-53

BENTZ, Ione M. G. A retórica publicitária. *Letras de Hoje.* Porto Alegre, PUC-RS, n. 12, 1973, pp. 9-11.

Benveniste, Émile. *Problemas de linguística geral.* São Paulo: Nacional, 1988, v. 2.

Biderman, Maria Teresa Camargo. *Teoria linguística*: linguística quantitativa e computacional. Rio de Janeiro: Ao Livro Técnico, 1979.

Bolinger, Dwight. *Langue, the loaded weapon*: the use and abuse of language. London: Longman, 1980.

Bolt, Carol et al. *Language Power.* New York: Random House, 1975.

Boulanger, Jean Claude. Problématique d'une méthodologie d'identification de néologisme en terminologie. In: ______. *Neologie et lexicologie.* Paris: Larrousse, 1979.

Bourdieu, Pierre. *Ce que parler veut dire*: l'économie des échanges linguistiques. Paris: Fayard, 1982.

Bram, Joseph. *Linguagem e sociedade.* Trad. Yolanda Guidicelli. Rio de Janeiro: Bloch, 1968.

Brémond, Janine. *La publicité.* Paris: Hatier, 1977.

Carvalho, Nelly. *Publicidade*: a linguagem da sedução. 3. ed. São Paulo: Ática, 2006.

______; Menezes, Tayana. A linguagem publicitária: um estudo comparativo entre a publicidade brasileira e canadense. *Via Litterae.* Anápolis, v. 3, n. 2, jul./dez. 2011, pp. 361-71.

______; Lins, Rebeca; Kramer, Rita. A inovação publicitária nas redes sociais. In: Xavier, Antônio Carlos (org.). *Hipertexto e Cibercultura.* São Paulo: Respel, 2011.

______; Bastos, A. K. P. H.; Machado, A. C. R. Análise dos anúncios de imóveis nos jornais do Recife. *Revista de Letras.* Fortaleza, v. 1/2, 2006, pp. 21-7.

Charaudeau, Patrick. *Langage et discours.* Paris: Hachette, 1983.

______. "Le discours propagandiste". *Le Français dans le Monde.* Paris, Hachette/Larousse, n. 182, 1984, pp. 99-103.

______. "Problèmes de langage et problème d'ánalyse des medias". *Bulletin de l'Unité de Recherche Linguistique.* Paris, INFL, n. 4, 1989, pp. 13-21.

Cohn, Gabriel. *Sociologia da Comunicação.* São Paulo: Pioneira, 1973.

De plas, Bernard; Verdier, Henri. *La publicité.* Paris: Presses Univeritaires de France, 1979.

Ducrot, Oswald. *Princípios de semântica linguística.* Trad. Carlos Vogt. São Paulo: Cultrix, 1977.

Durand, Joseph. "Apport de la linguistique quantitative à l'étude de l'expression publicitaire". *Journées d'Études.* Paris, IREP, 1969.

Dyer, G. *Advertising as communication.* London: Methuen, 1985.

Echeverria, Deborah. *Construção de marcas*: análise do modelo de sucesso da Ogilvy & Mather. São Paulo: Altana, 2005.

Etiemble, J. "La langue de la publicité". *Cahiers de la Publicité.* Paris, IREP, 1985, pp. 105-12.

Eco, Umberto. *As formas do conteúdo.* Trad. Pérola de Carvalho. São Paulo: Perspectiva, 1974.

Eliachar, Leon. O segredo da propaganda é a propaganda do segredo. In: *O Homem ao Zero.* 4. ed. Rio de Janeiro: Livraria Francisco Alves Editora, 1967.

Fairclough, Norman. *Language and Power.* 2. ed. London/New York: Longman, 1990.

Ferreira, Leila. A obsessão pelo melhor. *Revista Marie Claire.* Ed. Globo, n. 244. 2012.

Finkielkraut, A. La défense de la pensée. In: ______. *Recherches-Aplications.* Paris: Hachette, 1983.

Freyre, Gilberto. *Oh de casa!.* Série Estudos e Pesquisas Instituto Joaquim Nabuco de Pesquisas Sociais, Fundaj, v. 13, 1979.

Friedman, Georges. Os mitos e o dilema. In: diversos. *Os mitos da publicidade.* Petrópolis: Vozes, 1974.

Galisson, R. *Lexicologie et enseignement des langues*: essays methodologiques. Paris: Hachette, 1979.

______. "Approches communicatives et acquisitives des vocabulaires: du concordancier à l'auto-dictionnaire personalisé". *Bulletin de l'Unité de Recherche Linguistique.* Paris, INLF, n. 4, 1982, pp. 51-69.

______. "Les mots valise et les dictionnaires de parodies". *Études de Linguistique Appliquées.* Paris, Didier Erudition, n. 67, 1987, pp. 57-106.

______. "Accéder á la culture partagée". *Études de Linguistique Appliquées.* Paris, Didier Erudition, n. 67, 1987, pp. 119-27.

______. "Culture et lexiculture partagée: les mots comme lieux d'observation des faits culturels". *Études de Linguistique Appliquées.* Paris, Didier Erudition, n. 67. 1988, pp. 74-89.

______. Entrer en langue/culture par les mots. *I Actas do Colóquio de Lexicologia e Lexicografia.* Lisboa: Universidade Nova, 1990, pp. 9-25.

GARDIN, B. La néologie: aspects sociolinguistique. *Langage.* Paris, Didier Larousse, n. 36, 1974.

GENETTE, G. *Figuras.* São Paulo: Perspectiva, 1972.

GODOY LADEIRA, Julieta. *Criação da propaganda.* São Paulo: Global, 1987.

GOMES DE MATOS, Francisco. *A linguística, o usuário e a propaganda.* Recife: UFPE, 1980. (Programa de Pós-Graduação em Letras). Palestra proferida no PG Letras/UFPE.

GREIMAS, A. *Sémantique structurale.* Paris: Larousse, 1966.

______. *Semântica.* São Paulo: Cultrix, 1973.

GRUNIG, Blanche. *Les mots de la publicité*: l'architeture du slogan. Paris: Presses du CNRS, 1990.

GUILBERT, Louis. "Grammaire generative et néologie lexicale". *Langage.* Paris, Didier Larousse, n. 36, 1974.

HUNT, E. K; SHERMAN, H. S. *Uma introdução à moderna teoria da microeconomia.* Petrópolis: Vozes, 1977.

JAKOBSON, Roman. *Linguística e comunicação.* 6. ed. São Paulo: Cultrix, 1973.

KENDE, Pierre. A publicidade e a informação ao consumidor. In: DIVERSOS. *Os mitos da publicidade.* Petrópolis: Vozes, 1974.

KRESS, Gunther; HODGE, Robert. *Language as ideology.* London: Routledge and Kegan Paul, 1979.

LAFOND, Robert; GARDÉS, Madray F. *Introduction à l'analyse textuelle.* Paris: Larousse, 1976.

LAGNEAU, Gérard. Prolegômenos de uma análise publicitária. In: DIVERSOS. *Os mitos da publicidade.* Petrópolis: Vozes, 1974.

LEECH, Geoffrey. *Semantics.* England: Middlesex Penguin Books, 1976.

LIPNAK, Jessica; STAMP, Jeffrey. *Networks, redes de conexão*: pessoas conectando-se com pessoas. São Paulo: Aquarela, 1992.

LORDES, Ricardo. *Olhar feminino*: a publicidade que as mulheres querem ver. São Paulo: Matrix, 2012.

LUNA, T. S. *Propaganda política ou publicidade eleitoral?* Um estudo dos *slogans* e *jingles* das campanhas eleitorais majoritárias de Recife. Recife, 2004. (mimeo)

MAINGUENEAU, Dominique. *Initiation aux méthodes de l'analyse du discours.* Paris: Hachette, 1976.

______; GRESILLON, Almuth. "Polyphone proverbe et détournement". *Langage.* Paris, Larousse, n. 73, 1984, pp. 112-25.

MARCUSCHI, Luis Antonio. *A repetição na língua falada*: formas e funções. Recife: UFPE, 1992. (Aula teste para professor-titular de Linguística.)

MELILLO, Catherine. La Langue de la Publicité. *États Généraux sur la Situation et l'Avenir de la Langue Fraçaise au Québec.* IDEA Communication Inc. Sherbrooke, 2001. Disponível em: <http://wwwens.uqac.ca/~flabelle/socio/Melillo_C.pdf>. Acesso em: 15 set. 2010.

METZ, Francis Doumazone. "Utilisation pédagogique de la publicite télévisée". *Études de Linguistique Appliquée.* Paris, Didier Erudition, n. 58, 1985, pp. 35-41.

MINOT, Françoise. "Approches des films publicitaires". *Le Français Aujourd'hui.* Paris, INLF, n. 91, 1990, pp. 39-51.

MOLES, Abraham. *L'affiche dans la société urbaine.* Paris: Dunob, 1970.

PALMER, F. R. *La semántica.* México: Siglo XXI, 1978.

PÉNINOU, George. Intelligence de la publicite. In: ______. *Étude semiotique*. Paris: Robert Lafond, 1972.

PINHO, J. B. Os elementos constitutivos do anúncio de tevê e de cinema. *Comunicarte*. Campinas/São Paulo, PUCamp, n. 5, 1985, pp. 72-90.

______. Ideologia e propaganda. *Comunicarte*. Campinas/São Paulo, PUCamp, n. 9/10, 1987, pp. 63-70.

PLATH, Sylvia. Espelho. *Literatura e nova fronteira*. Trad. André Cardoso. Rio de Janeiro: Nova Fronteira, 1989.

QUESNEL, Louis. A publicidade e sua filosofia. In: DIVERSOS. *Os mitos da publicidade*. Petrópolis: Vozes, 1974.

RAMOS, Ricardo. *Do reclame à comunicação*. São Paulo: Atual, 1987.

______. Contato imediato com a *propaganda*. 2. ed. São Paulo: Global, 1990.

REBOUL, Olivier. *O slogan*. Trad. Inácio de Assis Silva. São Paulo: Cultrix, 1975.

RECUERO, Raquel. *Redes sociais na Internet*. Porto Alegre: Sulina, Coleção Cibercultura, 2009.

RIES, A.; TROUT, Jack. *Posicionamento*: como a mídia faz sua cabeça. Trad. José Roberto Penteado. São Paulo: Pioneira, 1987.

RIESMAN, David. *A multidão solitária*. 2. ed. São Paulo: Perspectiva, 1962.

RIFFATERRE, Michael. *Estilística estrutural*. São Paulo: Cultrix, 1973.

ROCCO, Maria Theresa Fraga. *Linguagem autoritária, televisão e persuasão*. São Paulo: Brasiliense, 1988.

SANTAELLA, Lúcia.*Cultura das Mídias*. São Paulo: Experimento, 1992.

SEXTON, Anne. Snow White and the Seven Dwarfs. *Transformations*. Boston: Houghton Mifflin Harcourt, 1971.

SIMÕES, Tatiana. *Guia Eleitoral*: as relações dialógicas e a construção do posicionamento discursivo na Campanha Majoritária do Recife em 2004. (Dissertação de Mestrado em Linguística) – Universidade Federal de Pernambuco, 2006.

SMITH, Raoul. A Functional view of the linguistics of advertising. In: PIETRO, R. J. di (ed.). *Linguistics and the Professions*. Delaware: ABLEX Publ., 1982.

VERISSIMO, L. F. "Eleições eletrônicas". *Diário de Pernambuco*. Recife, 21 set. 2002. Disponível em: <http://www.old.pernambuco.com/diario/2002/09/21/verissimo.html>. Acesso em: 15 jul. 2014.

VESTEGAARD, T.; SCHRODER, K. *A linguagem da propaganda*. Trad. João Alves dos Santos. São Paulo: Martins Fontes, 1988.

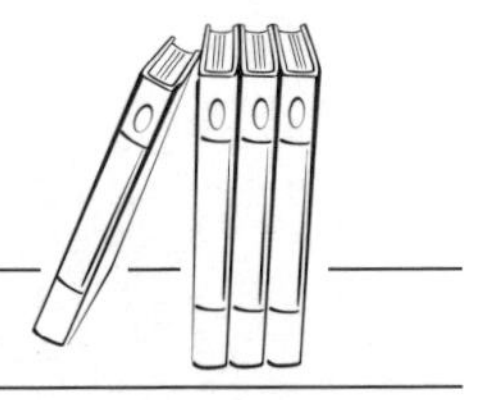

A autora

Nelly Carvalho possui doutorado em Letras pela Universidade Federal de Pernambuco, da qual é professora emérita. Ministrou o curso de Publicidade Comparativa entre Brasil e França na Sorbonne Nouvelle (Paris). É parte do Conselho Estadual de Educação e membro de comissão da Companhia Editora de Pernambuco, além de colunista do *Jornal do Commercio*. Tem experiência na área de Linguística, com ênfase em Lexicologia, Publicidade e Propaganda e História da Língua Portuguesa. É autora de diversos livros nas áreas de Comunicação e Linguagem.

GRÁFICA PAYM
Tel. (11) 4392-3344
paym@terra.com.br